神と仏の倫理思想

日本仏教を読み直す

［改訂版］

吉村　均　著

北樹出版

目次

第一章

近代の知と神仏

五重塔がそびえ神仏習合の面影を残す厳島神社（広島県）

1 近代の知を再考する

1 日本の近代化と教育・学問

学校の授業について好きだった、嫌いだった、楽しかったなど、感想をもつことはあっても、なぜそのようなことを学ぶ必要があったのか、考えてみることはあまりないかもしれない。しかし、学校で何を教えるかは、その国がどのような方向を目指すのか、その国の未来図と密接に関わっている。

今の学校教育は、明治時代に作られた制度が元になっている。西洋諸国がアジアに進出して植民地化を進め、大国の清も阿片戦争（一八四〇〜一八四二）でイギリスに敗れるに至った。このままでは日本も植民地化されてしまうのではないか、その危機感から明治維新（一八六八）が起こり、それまでの鎖国から百八十度政策を転換して、近代化、西洋化（いわゆる「文明開化」）が積極的に推し進められることになった。しかし政府が変わっても、国民一人一人が変わらないかぎり、国は実際には変わっていかない。そのために整備されたのが、学校教育制度とその裏づけとなる近代的な学問の体系だったのである（学制の発布は一八七二）。

たとえば、目に見えるその名残りのひとつとして、行進がある。小学校や中学高校では毎年運動会がおこなわれ、入場行進をおこなうが、これは徴兵制をしいて近代的な軍隊を作ったことと関係している。かつての日本人は、ナンバと呼ばれる、右手と右足、左手と左足を同時に出す歩き方をしていた。しかしそれでは右手左足、左手右足を交互に出す西洋式の軍隊の行進はうまくできない。といって軍隊にはいってから行進の仕方を学んで身につけようとしても、それは手遅れで、そのため、学校教育の中に西洋式の行進が取り入れられたのである。このように、私たちが当たり前のこととして受けてきた教育には、ある特定の目的があり、それを身につけてきた私たちは、自覚しないままその影響を受けている。

近代学校教育の基本発想は、自分たちの持たない外国の知識や技術を身につけることで、日本について学ぶ際にも、そのやり方を基本として、その応用として学ぶことになった。自分が行ったことも見たこともない国について学ぶには、その国について、いつどこで何が起こったかについて、知識を増やしていくことが必要だろう。自分が使わない外国語で書かれた本を読むためには、文法や単語の意味を学ばなければならない。今の学校教育で日本史や古文に暗記物というイメージがあるのは、そのような自分達と関わりのない場所や言葉を学ぶための方法で、自分の国についても学んでいるためである。しかし、それは自分の国を学ぶ学び方として適切とはいえない。たとえば、鎌倉時代について学ぶ際、私たちは年号や人名を学ぶことからはじめなくても、実際に鎌倉という場所を訪れて実感したり、自分が住んでいる地域が鎌倉時代にどのような様子だったかを調べることによって学んでいくこともできる。

また、次の文について考えてみてほしい――「僕は君が持っているのと同じ本を欲しい」。

誰が「欲しい」のか？　と聞かれたら、日本人であれば百人が百人、「僕」と答えるに違いない。では、なぜ？　と聞かれたら、説明できる人はどのくらいいるだろうか。大学によっては他の国からの留学生もいるわけだが、留学生から「～が」は主語ではないのか、なぜ「君が」が主語でなく「僕は」なのか、と聞かれたら、どう答えるだろう。――実は、これを説明するのが、係り結びの法則である。係り結びというと、古文の特殊現象で、「ぞ」「なむ」「や」「か」があると文末が連体形、「こそ」があると已然形に変わるものと覚えている人が多いと思うが、実は係り言葉が文の途中を飛び越えて結び言葉につながるという、意味のつながりの法則であって、文末の形の変わらない「は」「も」～終止形という係り結びも存在し、それは現代語でも用いられている。この文でいえば、「は」は係助詞なので「僕は」は文末の「欲しい」に係り、それに対して「が」は係助詞ではない（格助詞）ので、「君が」はすぐ後ろの「持っている」につながり、係り結びを形成しないのである。

この係り結びの法則を発見したのは、江戸時代の国学者、本居宣長（一七三〇～一八〇一）である。当時の日本においても、知識人のあいだに、中国の文化こそがすばらしいもので、日本の文化は価値がないと貶める風潮があった。それに対して本居宣長たちは、日本の文化の中に外国とは異なる固有の価値を見出そうとした。それが国学である。たとえば、主人公光源氏の女性遍歴を描く『源氏物語』は、儒教道徳からは不倫を描いた不道徳的な書とされ、仏教僧は『源氏物語』は歴史書のような史実をしるしたものではなくフィクション、つまり嘘であり、作者の紫式部は嘘をついた罪で地獄に堕ちたと説いていた（冗談のように思うかもしれないが、地獄に堕ちた紫式部を救うための源氏供養がおこなわれていた）。それに対し本居宣長は、外の価値観で『源氏物語』を裁断するのではなく、その内なる価値観を探求した。そうして見出されたのが「もののあわれを知る心」である。係り結びも同様で、漢文の読み書きが教養とされる価値観に対し、膨大な和歌を検討することによって、日本語に漢文とは異なる独自の文法法則を発見した。(1) しかしそのような研究は、西洋をモデルとした近代的な学問では直接継承されることがなく（山田孝雄や時枝誠記のような国学の伝統を生かす日本語文法を試みた者もいた）、日本語とはまったく言葉の構造が異なる西洋の言語の主語・述語という基本構造で日本語も説明しようとしたため、文章の意味はわかっているのに説明しようとすると誰もできない、ということになってしまっているのである。

もちろんこのような学校教育制度や学問の体系が作られたのは、必要性があったからで、実際、日本は短期間で近代化を成し遂げ、日清戦争、日露戦争で、清やロシアを次々打ち破るまでになった。これは他の国々に驚きをもってむかえられ、ロシアの脅威を感じている北欧やトルコなどでは今でも対日感情がよいといわれるし、また日本に敗れた当の中国を含むアジアの国々の民族運動家が日本の近代化に学ぼうと日本に留学してくるという時期もあった（期待は日本が欧米諸国と互いの植民地の権益を認め合うという方針を打ち出したため、失望に変わっていった[2]）。

しかし、今や状況は大きく変わっている。国際化は急速に進行し、意識しなければいけない外国はもはや西洋だけではなくなっている。スーパーの鮮魚売り場に行けば、モロッコ産のタコ、チリ産のサーモン等々が並んでおり、世界中の国との関わりを抜きにしては毎日の食生活すら成り立たなくなっていることを如実に示している。外国との関わりは、本の知識を通じたものだけではなく、直接の交流が日常的なものとなり、インターネットの発達がそれに拍車をかけている。このような状況で、西洋社会の成り立ちを説明することを中心とする世界の歴史や、自分たちの生活や文化とのつながりを自覚せず暗記しただけの日本史や古文の知識が相互理解の役に立つことはまずない。自分の関わらない他人事として物事を捉えることが学問的な知だという考えと、明治に作られた制度は、根本から見直すべき時期にきているのである。

明治以来の国のあり方は、人の心にも大きな影響を引き起こした。外からはいってくる知識や風俗と自分の心や身体の齟齬が深刻な問題となったのである。当初、和魂洋才が叫ばれたが、そのような接木を生身で体験せざるを得ない一人一人にとって、スイッチを切り替えるように切り替えができるはずもない。そもそも、技術を取り入れて使いこなす主体とされた和魂自体、生得のものではなく文化的産物なのであり、社会が大きく変化すれば、形骸化し見失われていく。そのことは人によっては大きな解放と感じられたかもしれない。しかし人によってはそれは拠り所を持たない根無し草となることを意味した。このような近代の知と生の問題[3]は、当初は敏感で知的な一部の人だけのものだったかもしれないが、世代が進むにつれてより多くの人のものとなり、今や知識人対大衆という図式も崩れ、人々は確かさをどこにも見出すことができない不安の中で、様々な問題に直面している[4]。

2――神仏分離がもたらしたもの

明治維新の残したもうひとつの大きな爪あとは、伝統文化の諸ジャンルを生み出す母体だった伝統的な宗教のあり方そのものが大きく変えられたことである。古代に仏教が日本に伝わって以来千数百年、日本では神仏習合、以前からの神と新たにはいってきた仏をひとつの宗教として信仰してきた。それが神仏分離令（一八六八。正式には神仏判然令）が出されることによって、別々の宗教として切り離されたのである。私たちが京都や奈良や鎌倉を訪れて参拝する歴史ある寺社の姿は、実は明治以前とは大きく異なっている。あるところでは仏をまつったお堂や塔を取り壊して神道の神社とし（奈良の石上神宮、鎌倉の鶴岡八幡宮など全国に多数）、あるところでは仏教系の神をまつっていたのを『古事記』や『日本書紀』に登場する神に祭神を改め（祇園社、弁天社、仏教に残った豊川稲荷系を除く稲荷社など）、修験道は禁止された（一八七二。現在は復活）。今、神社でおこなわれている祭祀は明治以前のものとは異なる場合が多いし、寺院では儀礼は維持されていても、その説明が大きく変えられていることが多い。百数十年前に日本人が何を信じていたのかということすら、今の日本人には容易に知ることができなくなっているのである。

これは神社の信仰を天皇と結びつけることによって国家の精神的支柱にしようという国家神道の考えに基づくもので、[5]そのため仏教的な神や、神々の世界とされる自然の中で仏教的な修行をおこなう修験道が規制の対象となったのである。後で説明するが、仏教はキリスト教のような一神教とは違い、一律の教義を持つ教えではない（本書第二章①）。発生の地インドにおいても土地の神々の信仰との密接な関わりを持っていて、仏教の守護者として位置づけられたインドの神々が、仏教の伝播にともなって、中国、日本やチベットなどに広まっていった。大黒天、弁才天、毘沙門天、荼吉尼天（稲荷）など、仏教で天部と呼ばれる神々がそれである。お稲荷さんは日本全国に多数まつられていて、多くの人は狐の神様と思っているかもしれないが、狐は神のお使い、乗物で、狐に乗って剣と宝珠を持った女神が元の姿である。

そもそも分離とはいっても、くっついたものを単純に二つに分けたわけではなく、明治政府の政策下で寺社を経済的に支えてきた所領は没収、僧の特権はすべて剥奪され、神主に対しては優遇処置がとられ、日本仏教は存続の危機に立たされた。仏教教団は生き残りのために社会の近代化、西洋化に合わせて説明を大きく変え、今に至っている。学校教科書の奈良時代や鎌倉時代の仏教の説明も、近代的な考えを遡って当てはめたもので、当時の人が実際に信仰していたものとは異なる。仏教はアジア各地に広まっているが、現代の日本人が他の国の仏教に接する時、よくも悪くも日本仏教とは大きく異なるものという印象を持つことが多い。しかしそれは、他の国の仏教が特殊だからではなく、近代における日本仏教の改変による場合が多いのである。

たとえば、チベット仏教に『チベットの死者の書』と呼ばれる教えがある（これは欧米に翻訳紹介された際につけられた名前で、正しくは『バルド・トゥ・ドル（＝中有における聴聞による解脱）』）。チベットでは人は死んで七週間の間に他の生き物に生まれ変わると考えられており、「バルド」と呼ばれるその期間、この教えが死者のために唱えられる。以前TVのNHK特集で取り上げられたことがあり、大きな反響を呼んだのだが、[6]この「バルド」は直訳すると「間」を意味するチベット語で、仏教用語の「中有（中陰）」に相当する言葉である。教えそのものはチベットのものだが、その背景となっているのは仏教一般の考え方で、日本の「初七日」や「四十九日」といった追善儀礼（中陰廻向）も、同じ考えに基づいている。

仏教ではすべてのことは原因なく生じることなく、よいことをおこなえばよい結果、悪いことをおこなえば悪い結果がもたらされるとされ、人が次に何に生まれ変わるかは、その人のそれまでのおこないによって決まるとされている。死んだ本人自身はそれ以上よいことも悪いこともおこなうことができないが、必ずしも死んですぐではなく、七週間の間に生まれ変わる（胎生の場合は受胎）とされているため、その期間、遺産の一部を僧やお寺に布施して法要のスポンサーとなるという形をとることによって、追善（文字通り善行の追加）をおこなう。これが中陰廻向の本来の説明で、生まれ変わるまでの七週間、初七日から七七＝四十九日まで、一週間おきにおこなうのが正式のやり方だった。今日では初七日や四十九日は単なる儀礼の名称のように思われて、実際にその日におこなわれない場合も多く、輪廻を仏教の教えではないと否定する僧侶も少なくないが、それは近代化に合わせた改変であって、『チベットの死者の書』と日本の中陰廻向の背景となっているものは共通の教えなのである。

もうひとつ、チベット仏教の特色とされるものに、活仏制度がある。チベットには高僧が亡くなると生まれ変わりの少年を探してその地位につける制度があり、現在のダライ・ラマは十四世で、十三世の没後に探し出されたその生まれ変わりである。これはチベット仏教が輪廻思想を持つからだと説明されることがあるが、それはまったくの間違いである。輪廻はチベットに限った考えではなく、西洋的な考えに合わせて説明を大きく変えた近代日本仏教と、カースト制度への批判から近代になって生まれたインドの新仏教徒運動（アンベードカル（一八九一～一九五六）の提唱）を除く、ほとんどの仏教の伝統において信じられている。そもそもすべての生き物は解脱しない限りそれまでのおこない（業）の力によって死ぬと別のものに生まれ変わるというのが輪廻の考えなのであるから、もしダライ・ラマも業により輪廻する存在であるならば、私たちとなんら変わるところがないのであり、信仰の対象とする意味がなくなってしまう。「活仏」という言葉自体、中国人が付けたもので、チベットには存在しない。チベット人はダライ・ラマのような存在を「トゥルク」（トゥル＝変化＋ク＝身体の敬語表現）と呼んでいて、これは仏教用語の「化身」に相当する。高僧たちはすでに輪廻から解脱するだけの修行をおこなっているのだが、輪廻の中をさまよい続けている他の生き物への慈悲の思いから、それらを救う誓いを立て（菩薩戒）、その誓願の働きによってふたたび生まれてくる存在、仏や菩薩の化身とされ、信仰の対象とされているのである。

生まれ変わりの少年を探して地位を継承させる制度こそチベット独特のものだが、菩薩の誓願は大乗仏教の実践の核心というべきもので、日本や中国の仏教でもきわめて重要な意味を持っていた。日本の仏教寺院をたずねると、釈迦牟尼仏や阿弥陀仏のような仏陀と一緒にその宗派の開祖などの高僧がまつられていることが多いが、明治以前においては、彼らはダライ・ラマと同じ仏菩薩の化身として信仰の対象とされていた。たとえば、聖徳太子は日本に仏教を広めるために生まれてきた観音菩薩の化身、奈良時代の聖武天皇は東大寺の大仏を建立するために聖徳太子が再び生まれてきた存在で、それに協力した僧行基は文殊菩薩の化身。「南無阿弥陀仏」を唱える浄土信仰を広めた法然は阿弥陀仏の脇侍で阿弥陀仏の智慧を象徴するとされている勢至菩薩の化身。その弟子で浄土真宗の開祖とされている親鸞は阿弥陀仏の慈悲を象徴する観音菩薩の化身。「南無妙法蓮華経」を唱える法華経信仰を広めた日蓮は、法華経の中で釈尊によって将来法華経の教えを広めると予言されている菩薩（地涌の菩薩）の一人、上行菩薩の化身とされた。

変わったところでは徳川家康もそうであり、現在では東照宮は徳川家康を神としてまつった神社とされているが、それは神仏分離の結果であり、江戸時代は、家康は戦乱の世に終止符を打つために現われた薬師仏の化身（東照大権現）であると説明されていた。日光の東照宮はその壮麗な建築が世界遺産に指定され、世界中から観光客を集めているが、家康をまつる拝殿本殿の脇に、家康の本体である薬師仏をまつる本地堂があり、陽明門の石段の下には仏教式の五重塔が建っている。これらも神仏分離の際に取り壊す話も出たようだが、さすがにそこまでしなくてもいいとストップがかかったものの、本殿拝殿陽明門などは神社、本地堂や五重塔は仏教寺院の施設とされ、同じ場所に神社とお寺の建物が併存するという変則的な形になっている（東京上野の東照宮では、五重塔は隣接する上野動物園の施設とされている）。

3　日本倫理思想史──自己を照らし出す鏡

筆者の専門は日本倫理思想史である。一般にはほとんど知られていないマイナーな学問だが、日本人がいかに生きてきたか、生きるかについて考えたかについての研究をおこなう。学校教育において高校の倫理は、思想家の名前や本の内容を暗記する科目のように考えられているが、倫理学は本来、いかに生きるかを考える学問であり、これを書けば○となるような出来合いの答えは存在せず、いかに生きるかは自分自身で考える他ない。しかしこの問いはあまりにも漠然としていて、手がかりなしに考えを深めていくことは困難である。そこで先人がいかに生きてきたか、生きるかについて考えたかを学ぶ必要が生じてくる。これが倫理学の一分野としての倫理思想史である。

これまで述べてきたような近代日本の状況下で、様々な思索がおこなわれてきた。もちろんある人には西洋の哲学が、ある人にはキリスト教が考えを深める手がかりとなっただろう。しかし私たちがおこなっている行為や考え方のかなりの部分は自分で選んだものではなく、日本の文化の中で成長する過程で身につけてきたものである。日常生活において、多くのことは一々理由を考えず、当たり前のこととしておこなっているが、それはある文化の中で共有されている「当たり前」であり、別な宗教から生み出された別の文化にはまったく異なる「当たり前」が存在する。

敗戦後ベストセラーとなったルース・ベネディクト『菊と刀』は、元々、米軍の依頼でおこなわれた日本研究が基になっている。第一次世界大戦は、規模こそ大きかったが、その中心となっていたのはヨーロッパの国同士の戦いだった。しかし、第二次世界大戦においては、アメリカと日本という、まったく異なる文化風土を持つ国が、近代兵器で全面衝突した。それはそれぞれが別々のルールで試合に臨むようなもので、一体どの程度損害を与えたら降伏するか、どのような点に留意すれば反発されず統治することが可能か、相手側のルールを知っていなければ戦いにならないのである。同じことは安土桃山時代のキリスト教布教にも言えた。宣教師のおこなった日本文化とヨーロッパ文化の比較が残されており、それを見ると、長い年月を経、生活のあり方にも大きな変化が生じているにもかかわらず、現代の生活にも通じるものが見られ、驚かされる。

たとえば、子育てについて、当時のヨーロッパでは嬰児は襁褓《むつき》にくるまれ、手足を動かすことができないのに対し、日本では手足を自由に動かすことができると記されている。また、ヨーロッパでは、言うことをきかない子供は鞭で打たれるが、日本ではそのようなことはないとも指摘されている(以下の引用は、ルイス・フロイス『ヨーロッパ文化と日本文化』岩波文庫による)。

「ヨーロッパの子供は長い間襁褓に包まれ、その中で手を拘束される。日本の子供は生まれてすぐに着物を着せられ、手はいつも自由になっている。」

「われわれの間では普通鞭で打って息子を懲罰する。日本ではそういうことは滅多におこなわれない。」

これは当時の日本で子供の権利が認められ、ヨーロッパでは認められていなかったといった、単純な理由によるものではない。フロイスは同時に、「ヨーロッパでは嬰児が生まれてから殺されるということは滅多に、というよりほとんどまったくない。日本の女性は、育てていくことができないと思うと、みんな喉の上に足をのせて殺してしまう」と、当時の日本では子殺しが一般的だったというショッキングな指摘をしている。これは子返しと呼ばれ、江戸時代に仏教僧がそれをやめさせるべく教化を試みていたことが知られている。ヨーロッパのような一神教では秩序の中心に創造主があり、その命を理解できないものは動物と変わらないのであり、家畜を飼いならすように調教された。これは異教徒についてもいいえ、日本でキリスト教が禁教となったことの理由のひとつは日本人を奴隷として連れ去ることにあったが[7]、当時のヨーロッパ人にとって、キリスト教の教えを広めることと奴隷貿易が両立し得たのも、このような考え方からだろう。それに対して後で述べるように日本の神は人間の秩序の外の存在であり、その力を取り込むことによる活性化が、まつりをはじめ様々な行事の基本発想となっていた（本書第一章3）。そのため「七歳までは神のうち」と言われたように、生まれて一定の期間は神に準じる存在として自由が認められ、その一方で生活できなくなれば、あの世に送り返されてしまったのである。

このような自然と文化の基本関係は、自然の一部でもある肉体をめぐる様々な慣習——衣食住——にも反映している。ルイス・フロイスは、ヨーロッパ人が家畜を食べるのに対し、当時の日本人は家畜は食用とせず、野生動物や魚を食べ、また魚を焼いたり煮たりして調理するよりも生で食べることが好まれていることを指摘している。

「ヨーロッパ人は焼いた魚、煮た魚を好む。日本人は生で食べることを一層よろこぶ。」
「ヨーロッパ人は牝鳥や鶉、パイ、ブラモンジュなどを好む。日本人は野犬や鶴、大猿、猫、生の海藻などをよろこぶ。」
「われわれは犬は食べないで、牛を食べる。彼らは牛を食べず、家庭薬として見事に犬を食べる。」

「ヨーロッパでは鶏や家鴨《アデン》（や兎や家鴨《パト》カ）などを飼うことを喜ぶ。日本人はそれを喜ばない。僅かに子供たちを喜ばせるために雄鶏を飼うに過ぎない。」

もちろん今の日本人は鶴や猿は食べないが、海の幸・山の幸という発想はいまだに存在している。家畜を食べることが一般化したのは、牛鍋が文明開化の象徴とされたように、明治以降の西洋文化の輸入による。鯨のような海洋動物の捕獲は、現在でも日本と西洋の間で問題となっている。これは日本人にとって、食べることが自然のエネルギーの取り込みと考えられていたためで、(8)それに対してヨーロッパ人にとって食用の対象となるのは飼いならされたもので、また生のままではなく焼いたり煮たりして「調教」する必要があったのである。

「われわれの衣服は身体にぴったり合い窮屈である。日本の衣服はきわめて緩やかなので、容易にそして恥ずることなく、すぐに帯から上、裸になる。」
「ヨーロッパの女性は、その袖が手首にまで達する。日本の女性は、腕の半ばまで達する。そして胸や腕を露出することを不面目のこととは思わない。」
「ヨーロッパの女性は帯をきわめてきつく締める。日本の高貴の女性は大そう緩くしめるので、いつも垂れ下る。」

衣服も同様で、当時のヨーロッパの衣服はぴったりとした窮屈な、自然である肉体を覆い隠し拘束する目的のもので、そのような発想は日本にはなかった。江戸時代の浮世絵などを見るとわかるが、着物がかたくるしいものになったのは、それが日常の衣服でなくなったことからくる着付けの変化による（逆に、現在の西洋の女性の衣服はジャポニズムの影響を受けて成立したもので、最初はファッションに肩ではおる着物のスタイルが取り入れられ、女性の社会進出による衣服の変化に影響を与えた(9)）。飲酒も同様で、フロイスは次のように記しているが、自分のことを言われているように感じる人もいるのではないだろうか。

「われわれの間では誰も自分の欲する以上に酒を飲まず、人からしつこくすすめられることもない。日本では非常にしつこくすすめ合うので、あるものは嘔吐し、また他のものは酔払う。」

「われわれの間では酒を飲んで前後不覚に陥ることは大きな恥辱であり、不名誉である。日本ではそれを誇りとして語り、「殿 Tono はいかがなされた。」と尋ねると、「酔払ったのだ。」と答える。」

酒を飲んで前後不覚になることはヨーロッパ人にとっては神の秩序からの転落だが、日本人にとっては自然の力を取り込むまつりの一環なのである。

「われわれの間では招待を受けたものが招待したものに礼を述べる。日本では招待したものが招待されたものに礼を述べる。」
「われわれの間では人を訪れる者は何も持って行かないのがふつうである。日本では訪問の時、たいていいつも何か携えて行かなければならない。」
「われわれの間では人が贈物として持ってきた物は、その同じ人にこれを勧めることはできない。日本では親愛のしるしとして、贈った人とそれを受けた人とが、すぐにその場で試食しなければならない。」

現在でも日本では、誰かの家を訪ねる際には手みやげを携え、旅行にでかけると家族や知人におみやげを買ってくるのが常だが、これも折口信夫が神の元の姿を客人をあらわす古語の「まれびと」と呼んだように（本書67頁）、訪問者が自然のエネルギーをもたらす神の役割を果たすからにほかならない。

このように自分のものの考え方やふるまいの無自覚な部分を自覚していくには、自分の属する文化とそれを生み出した宗教への理解を欠かすことができない。日本倫理思想史は、無自覚的な自己を照らし出す鏡である。本書では、まず、和辻哲郎の仏教研究と柳田国男や折口信夫によって創始された民俗学を取り上げ、近代の激変の中で神や仏がどのように捉えられるようになっていったかを、検討吟味するところからはじめることにしたい。

（1）時枝誠記『国語学史』岩波書店、菅野覚明『本居宣長』ぺりかん社を参照。

（2）ＢＳ特集　世界から見たニッポン～明治編第二回「アジアの希望と失望」（ＮＨＫ。二〇〇六年四月三〇日放送）。
（3）佐藤正英『小林秀雄』講談社、同「近代日本における信と知」『信と知』慶應通信所収を参照。
（4）見田宗介「虚構の時代」「井の中の蛙の解放」『現代日本の感覚と思想』講談社学術文庫所収を参照。
（5）安丸良夫『神々の明治維新』岩波新書を参照。
（6）ＮＨＫ特集「チベット死者の書」（一九九三年九月二三、二四日放送）。ＤＶＤ化されている。
（7）黒住真「キリシタン禁制と近世日本」『複数性の日本思想』ぺりかん社所収を参照。
（8）益田勝実「古代人の心情」『秘儀の島・神の日本的性格・古代人の心情ほか』ちくま学芸文庫所収を参照。
（9）深井晃子『ジャポニズム イン ファッション』平凡社を参照。

2 和辻哲郎と仏教

1 和辻と近代仏教学

和辻哲郎（一八八九〜一九六〇）は日本を代表する倫理学者、日本思想研究者である。若き日の奈良の寺めぐりの体験を著した『古寺巡礼』は有名で、今も多くの人に読まれている。和辻は仏像に、ギリシャ彫刻にひけを取らない美を見出し、その美しさを熱く語った。実際のところ、今日の奈良の観光旅行は和辻の見出した美をめぐる旅になっており、『古寺巡礼』を読まずに寺々を訪れた人も、後で『古寺巡礼』を読むならば、自分の旅が和辻に導かれてのものだったことに気付くに違いない。和辻は日本美術の復興に尽くした岡倉天心から教えを受け、また横浜の三溪園を造った美術愛好家・原三溪の許にも親しく出入りして、観賞眼を養っていた。『古寺巡礼』では、視線で仏像の肌を撫でるように観賞し、理想的人体を神として捉えたギリシャ彫刻とも異なる、仏像独特の美を描き出している（引用は薬師寺金堂の薬師像の描写）。

「この本尊の雄大で豊麗な、柔らかさと強さとの抱擁し合った、円満そのもののような美しい姿は、自分の目で見て感ずるほかに、何ともいいあらわしようのないものである。胸の前に開いた右手の指の、とろっとした柔らかな光だけでも、われわれの心を動かすに十分であるが、あの豊麗な体軀は、蒼空のごとく清らかに深い胸といい、力強い肩から胸と腕を伝って下腹部へ流れる微妙に柔らかな衣といい、この上体を静寂な調和のうちに安置する大らかな結跏の形といい、すべての面と線とから滾々《こんこん》としてつきない美の泉を湧き出させているように思われる。それはわれわれがギリシア彫刻を見て感ずるあの人体の美しさではない。ギリシア彫刻は人間の願望の最高の反映としての理想的な美しさを現わしているが、ここには彼岸の願望を反映する超絶的なある者が人の姿をかりて現われているのである。」（『古寺巡礼』和辻哲郎全集（以下全集と略）2岩波書店／岩波文庫）

和辻は『ニイチェ研究』『ゼエレン・キエルケゴオル』といった著作で西洋の実存思想の研究者として出発し、日本の美に目ざめ、『古寺巡礼』の後、『日本古代研究』『日本精神史研究』を発表した。西田幾多郎（一八七〇～一九四五）に招かれて京都帝国大学の助教授（倫理学担当）となり、インドに遡って仏教思想を研究した『原始仏教の実践哲学』で博士号を獲得した。『人間の学としての倫理学』刊行後東京帝国大学に移り、『風土』『倫理学』、定年後に『日本倫理思想史』といった主著を発表した。かつての研究では、和辻が戦後、象徴天皇制を支持したこともあって、左翼陣営を中心に、和辻の日本の美や伝統への関心は「日本回帰」として否定的に語られることが多かった。しかし、ソ連の解体など政治的状況の変化や、単行本化された著作を中心としたそれまでの全集に対して、第三次全集では単行本未収録論文や講義ノートの類が大幅に収録されたこともあり、近年は和辻の著述に即した研究がなされるようになり、和辻の美や思想の捉え方には『ニイチェ研究』以来一貫性があるという見方[1]が支持を集めるようになってきている。

近年、和辻の仏教理解について、近代仏教学の形成に大きな役割を果たしたことが、批判的に言及されることがある[2]。和辻の仏教の捉え方は、初期の無我・縁起の思想が部派仏教の法の体系に発展し、大乗仏教（ナーガールジュナ）ではさらにその法を根拠づけるものとして空が説かれた、というもので、このように仏教を思想史的展開として捉えることは、現代の仏教研究の多くの前提となっている。しかしこれは、伝統的な仏教理解とはまったく異なる。信仰の立場からすれば、仏陀とは「無上正等覚者」、最高の悟りに到達した存在であり、その教えがさらに発展するということはありえない。仏教には様々な相異なる教えが存在するが、それは「対機説法」、釈尊が一律に教えを説くのではなく、相手の能力などに合わせて教えを説いたことで説明される（本書第二章①）。

現在では仏教学者はもちろん、僧侶の間にも、輪廻は迷信であって仏教本来の考えではない、大乗仏教は後世になって生まれたもので釈尊の教えとは異なると考えている者が少なくない。日本の伝統的宗教がどのようなもので、人々の心にどのような影響を与えてきたかを考えるには、まず、このような現代の仏教理解を生み出した和辻の解釈がどのようにして生まれたのか、またそれによって何が見失われたのかを検討する必要がある。

2 — 仏教の思想史的理解の背景

和辻がこのような伝統とは大きく異なる仏教理解をした背景としては、次の三点が考えられる。ひとつは、近世の儒者や国学者による排仏論の影響である。彼らは仏教を否定し、膨大な大蔵経典は釈尊の説いた教えではないという大乗非仏説を唱え、輪廻の考えを否定し、地獄や極楽、須弥山を中心とした仏教の世界像を、虚なるもので現実世界とは異なるとして斥けた。和辻はそれらの批判に対して仏教側が反論できないでいるとして（実際には普寂のように排仏論を意識した上で仏教護教論を展開した僧もいた[3]）、その批判点をすべて受け入れた上で、来世の信仰などは迷信であって仏教本来のものではないとして、大乗仏教についても後代に思想的に展開したものとして捉えたのである。和辻は、京都帝国大学での講義ノートで没後全集に収録された『仏教倫理思想史』や、同じく京都時代の講義ノートと推測されていて第三次全集ではじめて活字化された「仏教と日本文化（仏教哲学概説二）」で、従来の信仰を否定し、仏教を思想史的展開として捉える必要性を主張している。

「(イ)…儒者の排仏論は仏教の迷信を突いて余蘊なし。しかも仏教哲学の核心には触れ得ず。仏者亦哲学をベレーベンし得ず。

(ロ)但し排仏は学的運動なり。生活に浸透せる仏教は依然として余ゼンを保つ。文学を見よ。芭蕉の禅味。浄るりの来世信仰（情死）民間の信仰生活を見よ。迷信のワウ盛。輪廻の信仰、来世の信仰、すべて仏教哲学的に非ず。仏教に附着せるカス也。精神生活への支配力なし。あらゆる雑多なる迷信（稲荷その他）と並存せるのみ。」（「仏教と日本文化（仏教哲学概説二）」全集別巻2）

「仏教は教会より解放されておらず。仏教哲学史なし。
第一類　木村（註・泰賢）式。西洋と結びつける。思惟（Denken）というに価せず。仏教哲学の俗化。
第二類　宗派の立場の宣揚、金子大栄等、方法（Methode）なし。学問にあらず。
教会よりの解放が急務。→全然新解釈可能。「あり得る」（möglich）にあらず。「必然的」（notwendig）なり。」（序文メモ『仏教倫理思想史』全集19解説所引）

二つめは、西洋の文献学的な仏教研究の成果の取り入れ。西洋の聖書研究では、福音書の記述から歴史的イエスの実像を取り出すことが試みられていて、その応用として、経典から後代の莢雑物を取り除いて歴史的な釈尊の実像を見出そうとすることがおこなわれた。この点については和辻も意識していて、より厳密な文献相互の比較研究の必要性を指摘している。

「彼…らにとっては、歴史的ブッダを見いだそうとすること、聖典の信憑性を証明せんとすることが中心の問題であって、聖典自身の内面的批評を軽視している。…宗教的伝説、神話化された伝説の中から、歴史的人物を探り出すということは、非常に困難な事業である。…福音書のごとき簡単な文献から歴史的イエスを取り出し規定することの困難、さらにはプラトーン、クセノプォーンらの直弟子の著書からさえ、ソークラテースを取り出すにいかにめんどうな手続きを要するかを考えれば、はるかに強度の伝説化を経た仏教文献から、しかもきわめて非歴史的なインドを背景として、歴史的ブッダを詳細な原典批判なしに取り出そうというような試みのいかに無謀であるかは容易に察せられるだろう。」「信仰の対象を歴史的人物に引きなおすことは第二の問題として、まず聖典の作品としての性質を考慮し、作品相互の間の新古の段階および作品内部における新古の層を明らかにせねばならない。それぞれの段階において作品の主人公としてのブッダがいかなる性質を有するかは、おのずから明らかとなるであろう。しかしそれによっても我々は、作品の最古の層において信ぜられたブッダがいかなるものであるかを知るのみであって、それが如実の歴史的釈迦であるか否かは決定されぬ。また我々の研究にとってはその決定は必ずしも必要でない。」（第一篇序論「根本資料の取り扱い方について」『仏教倫理思想史』）

この点については、文献学的な方法を基盤とする今日の仏教研究においても和辻ほどはっきりしていないところがあり、あくまでも歴史学の一分野に留まるべきという考えと、真の釈尊像に辿りつきたいという動機に基づく研究の両方が存在しているように思われる。後者の代表が、学生時代に和辻からも教えを受け、岩波文庫の平易な「原始仏典」（この表現自体に、より釈尊の教えに近いものという理解の仕方があらわれている）の翻訳で知られる、日本を代表するインド思想研究家だった中村元である。

文献学的、歴史的研究は、大乗経典を後代の産物とした近世の排仏論の主張とも合致するが、近年、従来の研究の文献を読む前提の素朴さを批判し、新しい方法論を模索している下田正弘氏が指摘しているように(4)、そもそも西洋の文献学の背後には「神は言葉と共にありき」というキリスト教の言語観が存在し、仏教の言語観とは根本的に異なる。伝統的な言い方を用いれば、仏教においては、言葉は「月を指す指」であり、月そのものではない。釈尊の教え方自体が対機説法、相手に応じて異なった説き方をしたとされているのであり、文献に残る多様な言葉を整理し系統立てていけば、ひとつのオリジナルの言葉にたどり着くということにはならない。この点についての和辻なりの答えが、三つめのヘーゲルの哲学史を手がかりとした思想史的把握だと思われる。

和辻哲郎は『日本精神史研究』に収録した論文「沙門道元」で、従来の伝統的な仏教理解を否定し、思想史的（この時点の言い方では「文化史的」）に仏教を捉えることを主張している。この仏教理解は、和辻は明言していないものの、哲学の歴史を精神の自己展開として捉えるヘーゲルの独特な哲学史の影響から生まれている。和辻は道元『正法眼蔵』の読解を通じて、仏教をヘーゲル的な精神の自己展開として捉える視点を獲得した。「沙門道元」が日本の仏教研究の上で画期的な論文だったことは認識されているが、そのような新しい試みの根拠がいかなるものだったかは、十分意識されていないように思われる。この論文について、次に詳しく検討する。

3　論文「沙門道元」

「沙門道元」は、冒頭で、門外漢である自分が道元を理解できるか？　また理解できたとして、文化史的にそれを捉えることに何の意味があるのか？　という二つの問いを掲げて、自ら答えるところからはじめられている。

最初の問いは現代の私たちには奇妙に感じられるが、それは私たちが和辻以降の存在だからであって、伝統的には仏教の核心は言葉を超えたものであり、それを正しく継承することが仏教教団の役割だった。学び、修行することはその言葉を超えた核心を摑むためにあり、「伝法灌頂」(天台・真言)、「見性」(臨済宗)、「嗣法」(曹洞宗)、「他力の信の獲得」「宿善開発」(浄土真宗)などと呼ばれていたのが、本来の意味では正しい理解を得たことを示すメルクマールである。だから、門に入ってそのような階梯を経ずに経典の言葉を自由に解釈することは、仏教側からすれば何の意味も持たない。もし過去の仏教者や、仏教の伝統が今も息づいている国の仏教者が現代の日本の状況――小説家や評論家が自由に『般若心経』や『歎異抄』や『正法眼蔵』や「原始仏典」の言葉を読み解き、それぞれが自分の仏教観を披露しているさま――を見るならば、腰を抜かすに違いない。末法思想については、学校教科書で一〇五二年に末法の世が到来したと信じられていたことが紹介されているが、末法の世とは単なる悪い時代ではなく、仏教の悟りもそのための実践も失われ、経典の言葉だけが伝わっている時代のことである。各人が経典を読み解き、こういうものだと仏教についてあれこれ論じる現代の状況は、仏教的に見るならばまさに末法の世における仏教のあり方に他ならない。もちろん伝統的な仏教者の一人である道元もそのことはよく自覚しており、仏教においては、すでに正しい理解を得ている師の指導を受けることと坐禅の実践が欠かせないこと、仏教について説くことができるのは自分が確実な理解を得た後であることを説いている。

「又、経書をひらくことは、ほとけ頓漸修行の儀則をしへけるを、あきらめしり、教のごとく修行すれば、かならず証をとらしめむとなり。いたづらに思量念度をつひやして、菩提をうる功徳に擬せんとにはあらぬなり。…文をみながら修するみちにくらき、それ医方をみる人の合薬をわすれん、なにの益かあらん。」（道元『弁道話』『正法眼蔵』岩波文庫1所収）

「…古今に仏法の真実を学する箇々、ともにみな従来の教学を決択するには、かならず仏祖に参究するなり。」（『正法眼蔵』「仏教」岩波文庫2）

「おほよそ仏法いまだあきらめざらんとき、みだりに人天のために演説することなかれ。」（『正法眼蔵』「深信因果」岩波文庫4）

和辻は伝統的な立場に対し、「もし道元の真理が純粋に直伝さるべきものであるならば、何ゆえ彼はその多量な説教の書を書き残したか」と反論し、[5] 道元の説く直下承当《じきげしょうとう》の道は「参師問法」と「工夫坐禅」だが、道元の著書や語録の行間には人格がありありとあらわれており、それを読むことで道元に参ずることができる、座禅であれば寺院でなく書斎でもできるとし、さらに現在の宗派のあり方がいかに道元の教えとかけはなれているかを非難して、「道元の真理をうくることを関心事とする以上は、この種の僧侶が「高僧」であるところの現時の寺院には、近づいてはならない」とまで極論する。

「自分は、理解の自信を持ち得ない道元の真理そのものについて、自分の解釈が唯一の解釈であると主張するわけではない。しかし少なくともここに新しい解釈の道を開いたという事は言ってもよいであろう。それによって道元は、一宗の道元ではなくして人類の道元になる。宗祖道元ではなくして我々の道元になる。」（「沙門道元」『日本精神史研究』所収、全集4／岩波文庫）

和辻は高らかに宗教の枠組みからの道元の解放を宣言するが、道元自身の所説を考えてみても、和辻の主張は説得力があるものには思われない。にもかかわらずこのように主張することができたのは、和辻に道元を超えた視点を獲得したという自信があったからに相違ない。それが次に論じられる文化史的理解である。

和辻は、自分はキリスト教的な神を全面的に信仰することを願ったが「現代の智慧」に煩わされている自分にはそれができなかったとして、自分はキリストの神への信仰にも親鸞の阿弥陀仏への信仰にも（親鸞をキリスト教と重ねる近代的理解の問題については本書第二章3）共感するが、それはキリストや阿弥陀仏を唯一絶対とする信仰の立場とは異なることを認め、そこからもしそれらが唯一絶対の存在であるならば、なぜ複数の宗教が存在するか、宗教に歴史的な変遷が存在するかと問い、それらは絶対者が特殊な形をとってあらわれたものであり、人はそれゆえあらわれつくされてない絶対者を追い求め続けるのだという人間理解、宗教理解を示す。

「自分の求めるのは「御意《みこころ》のままに」という言葉を全心の確信によって発言し得る境地である。…イエスが神を信じたがごとくに自分のある者を信じ得ることである。自分は永い間それを求めた。しかし現代の「世の智慧」に煩わされた自分にとって、このことはきわめて困難なのである。」「人々は追い求めた。人々は直感した。そうしてその心の感動をその心に即して現わした。彼の直観したものは絶対のものであろう。しかし彼の心の感動は彼の心が特殊である限り特殊であらざるを得ない。かくして絶対者は常に特殊の形に現わされる。その特殊の形が永遠にして神的なる価値を担うのは、それが絶対者を現わすゆえである。しかしそれが絶対者を現わすにかかわらず常に特殊の形であるところに我々は、追求し苦しみ喜んだ人々の、価値を求めてあえいだ心を感ずることができる。」「我々が既成の宗教のいずれにも特殊な形に現わされた真理を認め、しかもそのいずれにも現わしつくされていない「ある者」を求めるならば、我々は宗教の歴史的理解によってこの「ある者」を慕い行くことになる。

我々はこの種の果てしのない思慕と追求を人類の歴史の巨大なる意義として感ずる。いかに彼らが迷い苦しみ願望しつつ生きて行くか。いかに彼らがその有限の心に無限を宿そうとして努力するか。人は永遠を欲する！　深い永遠を欲する！　しかも欲する心は過ぎ行く心である。ある者はその心に無限なるものの光を湛えた。人々は歓喜してその光を浴びた。しかし――その光もまた有限の心に反射された光であった。人々はさらに新しい輝きを求めて薪を漁る。これら一切の光景が無限なるものの徐々たる展開でなければ、――神の国の徐々たる築造でなければ、総じて人類の生活に何の意義があるだろう。」

（以上、「沙門道元」）

この、普遍が特殊な形にあらわれるという捉え方は、後の和辻の主著とされる著作群――『風土』『人間の学としての倫理学』『倫理学』『日本倫理思想史』の基本発想となっており、その意味でも注目される主張である。第三次全集によって明らかになったことだが、それらの著作群は、京都帝国大学時代の「国民道徳論」の構想を展開したもので、もとは一続きの内容であった（補論を参照）。和辻のこの文化史的理解では、「いかなる宗教においても、宗祖、あるいは新しい運動の創始者は、その説くところの真理を究極のものとして与える。従って彼の立場からはこの真理の歴史的開展というごときことは許されない」と、宗教は時間を超えた唯一絶対の真理を説くもので歴史的変化を認めないものであるとして、それと自己の文化史的立場が対比されているが、これはヘーゲルが『哲学史』でキリスト教は歴史を持たないとして、それとの対比で哲学を捉えていることと同一の図式であり、それを念頭に置いたものと思われる。ヘーゲルは次のように説いている。

「…内的な内容に関して宗教史と哲学史とを比較して言えば、後者には宗教のように、はじめから確定した真理が、不変的に歴史を超越するような内容として認められていない。例えば、キリスト教の内容である真理は、それ自身あくまでも不変のものである。それ故に、それは歴史というものをもたない。言いかえると、何らの歴史をももたないのと同じである。…

他の諸科学もまた、たしかに内容上、歴史をもつ。この歴史は、内容の種々な変化、即ち前に行なわれていた原理の破棄を現わす部分を含んでいる。けれども内容の大半、いやほとんど大部分は元来、存続するものなのである。新しく成立したものは以前に獲得されたものの変化ではなくて、それの追加と増補である。…

これに反して哲学史は附加のない単純な内容の固定を表示するものでもなく、また単に新しい宝が既得の宝に静かに附加して行く行程だけを展示するものでもない。むしろ常に自分を更新して行く全体の諸変化の光景を表わすものと言ってよい。けれども、この変化も究極に共通的紐帯として単なる目標をもつといったものではない。」（『哲学史序論』岩波文庫）

哲学者たちは様々な形で真理を探求しそれぞれの真理を語ってきた。ヘーゲルは、もし哲学史がこれこそが真理であるという憶見《ドクサ》の羅列でしかないならば、それは「阿呆の画廊」に他ならないとして、精神の自己展開としての哲学史というユニークな論を展開した。これは彼が『精神現象学』において感覚的確信から絶対知に至る精神の弁証法的展開を論じていることと表裏一体の関係にある。

「沙門道元」後半は「道元の「真理」」と題して『正法眼蔵』のいくつかの巻を検討しているが、和辻はそれらにヘーゲル的な「ロゴスの自己展開」「イデーの弁証法的展開」を読み取っている。取り上げられているのは「礼拝得髄」「仏性」「道得」「葛藤」の諸巻である。和辻は『正法眼蔵』「礼拝得髄」巻、「仏性」巻から、仏教の実践の目的は「自己において法を現わしめ」ることで、仏性は人格において具現され、それゆえ「人」を見ることによってその真理に触れなければならないという理解を得た。そして「道得」巻では、「道得」（言う）という言葉を道元が「諸仏諸祖は道得なり」とし、言葉で語らずひたすら修行に打ち込む「一生不離叢林兀坐不道」も道得なのだと説いていることを、「イデーが自らを実現するために不離叢林兀坐不道となって現われる」、「ロゴスの自己開展」と捉えている。和辻は、「道得」巻では「いかなる修行功夫も、また仏と仏との相伝も、すべて一なる道得の活動である、という点にのみ強調を置き、その道得がいかにさまざまの異なった形に現われるかには言及していない」として、この点を説いたのが「葛藤」巻であるとしている。和辻は道元のいう「葛藤」とは「さまざまの異なれる見解が相錯綜することそれ自身の上に仏法が現われるとし、「我々の言葉に訳すれば、イデーの弁証法的展開というのに最も近い」、「それは矛盾の纏繞を通じて伸びて行く。だから不断に抗立否定の動きを呼び起こしている。かかる論争は無限に論争を生ぜしむべき種子である。そうしてその論争種子は解脱の力量を持っている。その力のゆえに否定の纏繞たる論争においてイデーの自己還帰が見られる」としている。

この「ロゴスの自己展開」「イデーの弁証法的展開」、すなわち「彼（註・道元）においては、一々の新しい開展である面授面受が、常に一つの仏法の具現として解せられている」が、実際には「彼が「すでに仏々祖々の言説に表現された」真理をいうとき、実は彼自身の新しく開展した思想を意味している」というのが、和辻が道元を相対化し得た（と信じた）視点だった。

「沙門道元」の末尾には、「この一篇は、道元の哲学の叙述を企てつつ途中で挫折したものであって、その事情はすでに序文に述べておいた通りである」という「追記」がある。和辻は『日本精神史研究』の序言で、そこに収録されている諸論文が仏教伝来以前を扱った『日本古代文化』に続く時代の文化を論じるために未定稿に近い状態で少しずつ発表してきたものであること、ところがその時代の仏教の影響の大きさと、それを理解するためには中国仏教、さらにその理解にはインド仏教の理解が必要で、「原始仏教以来の史的開展を理解することによってのみシナ日本における仏教思想の特殊性が理解せられ得るものであるということを悟」り、仏教思想の解明に研究の方向が進み、当分日本思想に戻ることができないため、発表時の論文をそのまま収録することになったと説明している。

ここで予告されている和辻の仏教研究は、大学での講義（『仏教倫理思想史』）を経て、博士号を獲得した大著『原始仏教の実践哲学』に結実した。『原始仏教の実践哲学』は『仏教倫理思想史』の「第一篇　初期仏教」に相当する内容を詳しく展開したもので、「第二篇　大乗仏教」の内容は扱われておらず、そちらの一部は論文集『人格と人類性』に収録された「仏教哲学における「法」の概念と空の弁証法」で扱われている。そこで「空の弁証法」と呼ばれているのが、「沙門道元」で説かれた「ロゴスの自己展開」「イデーの弁証法的展開」を理論的に発展させたもので、これが和辻倫理学の根幹を形作ることになる。

4　空の弁証法――和辻とヘーゲル

論文「仏教哲学における「法」の概念と空の弁証法」で、和辻は当時のヨーロッパの仏教学（ロシアのローゼンベルグとチェルバツキーの説）で仏教が法論として捉えられていることを、アビダルマ、特に説一切有部の法有の立場からすべてを理解しようとしていて、発展段階の中で捉えていないと批判し、ナーガールジュナ（龍樹）の空についても、法有の立場からの展開として捉えるべきであるとして、空は空ずるという否定の運動であって、それによって法を根拠づけていると説いている。

「竜樹が空無差別によって差別の法を成ずるというのは、空というもの（超越者）を持ち来たって法を根拠づけるのではない。空が根柢であるとは、空によって成ぜらるる法そのものが空ぜらるることである。否定が直ちに根拠づけなのである。」

「空とは静的なあるものではなくして空ずること自身である。しからば空はそれ自身を否定することにおいておのれを現わさなくてはならぬ。すなわち空無差別は不空すなわち差別に現われることによって空無差別自身を実現するのである。」（以上、「仏教哲学における「法」の概念と空の弁証法」『人格と人類性』所収、全集9）

和辻は倫理学を個人意識の問題とすることを批判し、独自の「人間の学としての倫理学」を説いた。和辻は人間存在の二重構造として、次のように説くが、これは和辻が仏教研究から読み取った空の弁証法を倫理学の基盤に据えたものに他ならない。

「一方において行為する「個人」の立場は何らかの人間の全体性の否定としてのみ成立する。否定の意味を有しない個人、すなわち本質的に独立自存の個人は仮構物にすぎない。しかるに他方においては、人間の全体性はいずれも個別性の否定において成立する。個人を否定的に含むのでない全体者もまた仮構物に過ぎない。この二つの否定が人間の二重性を構成する。しかもそれは一つの運動なのである。個人は全体性の否定であるというまさにその理由によって、本質的には全体性にほかならぬ。そうすればこの否定はまた全体性の自覚である。従って否定において個人となるとき、そこにその個人を否定して全体性を実現する道が開かれる。個人の行為とは全体性の回復の運動である。否定は否定の否定に発展する。それが否定の運動なのである。ところで人間存在が根源的に否定の運動であるということは、人間存在の根源が否定そのもの、すなわち絶対的否定性であることにほかならない。個人も全体もその真相においては「空」であり、そうしてその空が絶対的全体性なのである。この根源からして、すなわち空が空ずるがゆえに、否定の運動として人間存在が展開する。否定の否定は絶対的全体性の自己還帰的な実現運動であり、そうしてそれがまさに人倫なのである。だから人倫の根本原理は、個人（すなわち全体性の否定）を通じてさらにその全体性が実現せられること（すなわち否定の否定）にほかならない。それが畢竟本来的な絶対的全体性の自己実現の運動なのである。」（『倫理学』全集10／岩波文庫1）

和辻が仏教研究を手がかりに確立した倫理学そのものの意義は和辻の仏教理解の当否とは別に考えるべき問題だが、ここではヘーゲルの思想との差異として、和辻の仏教理解への違和感を表明して、この節を終えることにしたい。

ヘーゲルは感覚的確信から絶対知へ至る過程として『精神現象学』を著したが、その基本発想として、感覚的確信が間違いで絶対知が正しいというのではなく、知にはそのレベルレベルの正しさがあり、あるレベルで正しいものと思われたことに限界が訪れ、より高度な知が求められていくものとして、人間の知を捉えていることがあると思われる。『精神現象学』の体系を構想する以前、初期の思索において、ヘーゲルは啓蒙哲学に関心を持つと同時に、人々の素朴な信心にも深く共感し、それを主体的宗教と呼び、客体的宗教である神学者が説く教義と対比して、後者は死んだアルコール漬けの標本にすぎないとしている。長谷川宏『ヘーゲルの歴史意識』（紀伊國屋新書）から若き日のヘーゲルの草稿『キリスト教と民族宗教』の所説を引用すると、

「年をとってくると、宗教に関係することがらが生活のおおきな部分をしめ、じっさい、おおくのひとにとっては、ちょうど車輪の外側の円がその中心とつながっているように、思想や嗜好の全範囲が宗教とつながりをもってくる。…私的な幸福を左右する重要なできごとや人生上の行事のすべてに、たとえば、誕生、結婚、死、葬儀などのうちに、すでに宗教的なものがまじりこんでいるのである。」

「宗教は神や、神の特性や、神にたいする人間と世界の関係や、人間の魂の不滅やにかんするたんなる学問——それはおそらくはたんなる理性によってうけいれられたり、またべつの方法でしられるようになったりするものだが——そうしたたんなる学問ではないし、たんなる歴史的知識や理屈ばった知識でもなく、むしろ、こころをひきつけ、われわれの感覚や意思決定に影響をおよぼすものである。」

「感性的な人間のもとでは宗教もまた感性的である——善行をうながす宗教的動機は、感性的なものでないかぎり、感性にはたらきかけることはできない。むろんそうなることによって、ふつうは道徳的動機としての価値はうしなわれるけれども、しかし、そのことによってそれは人間的な相貌を呈し、われわれの感覚にしっくりくるものとなるのはたしかで、われわれはそれにこころひかれ、うつくしい空想にうっとりとなって、しばしば、つめたい理性がそうした形象像を否認し、それについてかたろうとす

ることすら禁止しているのを容易にわすれてしまうのだ。」

「客体的宗教は信じられる信仰である。そこにはたらく力、つまり、知識をおいもとめ、かんがえぬき、保存し、また信じもする力は、悟性と記憶力である。客体的宗教には実践的知識もふくまれうるが、それは効力なき死金としてふくまれるにすぎない。――客体的宗教は頭のなかで秩序だてられ、ひとつの体系にもたらされ、一冊の本に表現され、他人の前で講義される。が、主体的宗教は感情と行動のうちにしかあらわれない。ある人間が宗教をもっているということは、かれがおおくの宗教上の知識をもっているということではなく、かれのこころが神の行為や奇跡や接近をかんじ、自分の本性や人類の運命のうちに神をみ、神のまえにひざまずき、神への感謝と讃美を行為であらわし、行動するにあたっては、それが善であり賢明であるかどうかを気づかうのみならず、神の気にいるか、神が行動の原因になっているか、という点になににもまして気をつかうことがおおく、なにかをたのしんだり、幸運なできごとにぶつかると、ただちに神に目をむけ神に感謝する、といったことを意味する。――主体的宗教はいきいきとしたものであり、存在の内面からそとにむかう活動である。主体的宗教が個人的なものだとすれば、客体的宗教は抽象物なのだ。前者つまり主体的宗教は、植物や虫や鳥や動物がたがいにたすけあって生活し、たのしみ、まじわっている自然のいきた書物であり、そこにはあらゆる種類のいきものがいっしょにすんでいるが、――後者つまり客体的宗教は、虫をころし、植物を乾燥させ、動物を剥製やアルコールづけにして、自然が分離したものすべてをただひとつの目的にしたがって秩序づける博物学者の標本室である。自然のなかでは無限に多様な目的が友愛の絆のうちにのみこまれていたのに。」

このようなヘーゲルの論と比べた時、民衆の信仰を仏教本来のものではない迷信として切り捨て、釈尊の悟りを出発点とする思想史的展開を構想する和辻の仏教は、大切なものを落としてしまっているのではないかと感じざるをえない。「群盲象を撫でる」の比喩で語られるように、これこそが真理であると説くインドの他の宗教家、思想家たちに対して、「これこそが真理である」という形で語られるものは真理ではないと釈尊は説いた。釈尊は「これこそが真理である」と説くこと自体が不毛な営みであり、自分が説くのは苦しみの解放の道であるとして、相手の理解力にあわせて異なる教えを説き（対機説法）、苦しみからの解放に導いた。その教えは医学の発想にたっていると言われている。病気を治すという目的は同じだが、症状によって治療法は異なり、同じ人でも、症状を抑える段階もあれば、根治を目指す段階もある。仏陀とは治療のいらなくなった健康人のことであり、したがってこれという主張を釈尊は持たない（本書第一章①）。

和辻のかなり特異と筆者には感じられる仏教理解は、和辻の仏教への関心が仏像の美から始まっていることが大きいのではないだろうか。『古寺巡礼』の法隆寺夢殿の救世観音像は秘仏とされていて、明治になってフェノロサたちが僧たちの抵抗を押し切って厨子の扉を開けさせ、発見したものだというエピソードは有名だが、第三次全集に収録された単行本未収録の論文「埋れたる芸術品」では、そのことについて次のように書いている。

「この時以来、夢殿の観音は日本人の有となった。

しかしこの発見は、日本の精神文化に何の革命をももたらさなかった。なぜなら、この観音像を埋没せしめていたものは、観音を敵とするある権威ではなくて、単に日本人の無智と鈍感とに過ぎなかったからである。たとえこの観音像が秘仏として秘蔵されずに、容易に民衆の眼に触れていたとしても、結果は同じであったろう。その証拠に、夢殿の隣りの中宮寺の観音が、慈悲そのもののような優しさや、魂の海の底から湧き出でた神々しさなどによって、秘仏に劣らぬ貴さを見せているにかかわらず、女人に自由な跪拝を許していた数世紀の間に、かつて深い芸術的感激をもたらしたという話を聞かないのである。なおこのほかにも、法隆寺の壁画や、薬師寺の正観音や、薬師如来や、天平の諸像や、あるいは法隆寺、唐招提寺の寺塔などが、自由に民衆の眼に触れていた時代に、これらの傑作の直ぐ傍で、繊細平淡な軽い絵画や、俗悪を極めた低級な彫刻、建築が、何の恥ずる所もないように、民衆の心を喜ばせていた。いわば、日本の産んだ最高の芸術は、民衆の眼の前に突きつけられていながら、砂の底に埋まっているのも同然であった。そうしてその砂は、民衆の無智と鈍感とであった。秘仏が数百年目に人間の目に触れたとしても、それは依然として砂の底での出来事であった。

若い時代の人々の眼を開いたのは、これら日本の古美術ではなくして、ギリシアの伝統をひいたヨーロッパの芸術であった。ここで日本の精神文化には力強い革命が起った。日本の古芸術もギリシア以来二千年の間数多い偉人によって生かされ育てられた大きい潮流には、とてもかなわなかった。

かくて眼を開かれた日本人は、振り返って日本の古美術を見た。そうしてここにも真に偉大な芸術のあることを理解した。砂は取り除かれた。埋没していた宝は太陽の光の下に輝き始めた。これが日本における古芸術発掘の歴史である。」（「埋れたる芸術品」全集22）

明治維新の際の廃仏毀釈によって寺院が荒廃し、あるいは破却され、仏像は打ち壊され海外に売り飛ばされた時代に、その美しさを説き、保護につとめたのはフェノロサや岡倉天心や、その影響を受けた和辻の『古寺巡礼』の功績である。それは疑いない。しかし、「無智」で「鈍感」な民衆の眼には仏像の美しさは映らなかったかもしれないが、跪き熱心に祈るそれら民衆の姿は、観音菩薩や釈尊の眼にははっきりと映っていたはずである。それどころか、ないがしろにし、打ち壊し、売り飛ばす者たちに対しても変わることなく慈悲の眼差しを注ぐ、そのような仏陀の視線は、今日原始仏典と呼ばれている経典群からもはっきり読み取ることができる。民衆の信仰を切り捨てた仏教哲学など、それこそヘーゲルのいう「虫をころし、植物を乾燥させ、動物を剥製やアルコールづけにして、自然が分離したものすべてをただひとつの目的にしたがって秩序づける博物学者の標本室」以外の何物でもない。

和辻が『倫理学』でハイデガーが問題にした死は個人の死でしかないと批判していることはよく知られている。和辻は「人間の学」の立場から、「人間の死には、臨終、通夜、葬儀、墓地、四十九日、一周忌等々が属しているが、彼はこれらすべてを捨象するのである」と批判するのだが（『倫理学』全集10／岩波文庫1）、そうであるならば、臨終や通夜や葬儀や墓地や四十九日や一周忌を含みこんだ新たな仏教研究が構想されなければならないはずである。しかし和辻は「仏教の信仰を持つとも見えないような人々の間でも、葬儀は通例仏式によって行なわれている。…ある葬儀の様式が惰性的に行なわれているということも、決して意義の軽いことではない」（『倫理学』全集11／岩波文庫4）と言ってはいるものの、その直前に次のように述べている。

「わが国民にとっては、問題はむしろ宗教的寛容という点から生じてくる。この寛容のゆえに、国民は、仏教やキリスト教のような世界宗教を欲するがままに選び得るのみならず、さらに原始的な信仰をも含めての実に雑多な信仰を、少しも駆逐しようとせずに、生かせているのである。…仏教はその最盛期においてもこれらの雑信仰を排除しようとせず、むしろそれを抱き込み、混淆主義的に殖やして行った。その結果は仏教自身の純粋性をも害うに至っている。」（『倫理学』全集11／岩波文庫4）

『倫理学』完成後、最晩年に書き連ねられ、没後に『仏教思想の最初の展開』として刊行された論考の数々を見ても、その仏教の捉え方は「沙門道元」以来まったく変わっていない。

ともあれ、近代仏教学においては、仏教は釈尊を出発点として発展していく思想として捉えられ、庶民の信仰は迷信として切り捨てられることになった。民衆信仰を研究対象としたのは、〈それ自体も近代の学からはみ出した〉次節で扱う民俗学である。かくして思想面においても神仏分離が果たされた。

（1）頼住光子「和辻哲郎の思想における「かたち」の意義について」講座比較思想2『日本の思想を考える』北樹出版所収、佐藤康邦「西洋の呪縛からの解放」『甦る和辻哲郎』ナカニシヤ出版所収。
（2）梅原猛『美と宗教の発見』筑摩書房、津田真一『反密教学』リブロポート、下田正弘「〈近代仏教学〉と〈仏教〉」『仏教学セミナー』73号など。
（3）西村玲『近世仏教思想の独創』トランスビューを参照。
（4）下田正弘「聖なる書物のかなたに」岩波講座宗教5『言語と身体』所収。同「近代仏教学の展開とアジア認識」

岩波講座「帝国」日本の学知3『東洋学の磁場』所収も参照。

（5）西村道一「正法眼蔵は行じなければわからないか」『日本人の知』ぺりかん社所収を参照。

3 民俗学(柳田国男・折口信夫)と神信仰

1 民俗学の性格・目的

柳田国男(一八七五〜一九六二)によって創始された民俗学は、近代の学問のひとつというより、近代の教育・学問のあり方に対する強い危機感から生まれた学問だった。柳田国男やその考えに共鳴した折口信夫が民俗学を「新国学」と、江戸時代の学問である国学の継承を意識した名前で呼ぶことがあるのも、そのことと関わる。

柳田は『日本の祭』の冒頭で自らの学問を次のように紹介している。これは東京帝国大学の全学会主催の講演(一九四一)を元にしたもので、これが近代的な学問の頂点にあると自負する当時の東大生に対する言葉であることを考えると、その性格がはっきり見えてくる。

「諸君は…明けても暮れても学校の生活しかしていない。…親から子へ、祖父母から孫へ、郷党の長者から若い者へ、古来日本に持ち伝えた物心両面の生活様式を、受け継ぎ覚え込むのも、実はこの十年余りの青年時代だったのである。…このあらゆる労苦に満ちた十幾年の勉学を積み重ねて、なおこんな手近な処にこれほど大きな「無学」が、横たわっておろうとは気付かぬのも無理はないが、事実これから私の説こうとする若干の知識は、諸君のおそらくは一度も考えてみなかったことであり、しかも以前の世においては、瘋癲白痴の者を除くのほか、一人として知らず感ぜずには通り過ぎ得なかった人生の事実なのである。…それを夢にも知らずに、諸君は世の中へ出て行こうとしている。国民の歴史の中には、文字には録せられず、ただ多数人の気持や挙動の中に、しかもほとんど無意識に含まれているものがたくさんあるということは、私たちの携わっている日本民俗学が世に現われるまでは、教えようにも学ぼうにも、その機会というものがまるでなかったのである。真実というものは今頃になって新たに生まれて来ようはずがない。単にそういうものを囲いの外に置くのが今までの学問であったので、学校へ出て来て学問をしていれば、今まではどうしてもこういう知識から、遠ざからずにはいられなかったのである。」（『日本の祭』柳田国男全集（以下全集と略）13ちくま文庫）

柳田国男は大学で農政学を学び、官僚となって農村の実情に接して様々な提言をおこない、後に東京朝日新聞社の客員となり、地方の旅行記を新聞に掲載した。そのような経験から、大学の学とは異なる民間の学として同志を募り、民俗学を興した。近代的な学問は、外の知識や技術を取り入れることが発想の基本にあり、その対象になるのは書かれた書物だった。それに対して柳田は、書かれていない言葉、伝えられ生きている言葉の中にこそ重要なものがあるとして、それを捉えようとした。

柳田が全国の協力者を募って昔話や伝説、年中行事など、言葉にならない資料を集めることを通じて明らかにしようとしたのは、神の信仰を核としたかつての日本人の生活のサイクルだった。私たちは書かれた言葉を歴史として考えるが、記録に残るのは特異な事件であり、当たり前のことは書き記されない。また信仰の核に関わることは信仰の外部には秘されて伝えられているが、しかし社会の変動が生じるとその価値が忘れられ、失われてしまう。柳田が復元した生活のサイクルは、村を見下ろす山から祖先の霊が農業神として村を訪れ、祝福し、そこから一年の農作業がはじまり、秋祭りで神への感謝がおこなわれ、神は再び山へ帰っていく、というもので、彼はそのようなサイクルで暮らす人々を「常民」と名づけた（春に招かれた神が村に留まり秋まつりの後帰る形で伝わっていることが多いが、柳田は春と秋それぞれに神を招き送り返すのをより古い形と推測している）。

「無難に一生を経過した人々の行き処は、…この世の常のざわめきから遠ざかり、かつ具体的にあのあたりと、おおよそ望み見られるような場所でなければならぬ。少なくともかつてはそのように期待せられていた形跡はなお存する。村の周囲のある秀でた峰の頂から、盆には盆路を苅り払い、または山川の流れの岸に魂を迎え、または川上の山から盆花を採って来るなどの風習が、弘く各地の山村に今も行われているなどもその一つである。」（『先祖の話』全集13）

「田の神は春の始めに山から降り、秋の終りに山に還って、山の神となるという言い伝えだけは、全国に分布している。…私などは実は家々の田の神を、やはり祖霊であったろうと思っているのである。」

（「魂の行くえ」全集13）

「…一年を半分に分けて、神が半年ずつ一処に御止住なされるという考えよりも前に、春秋の両度に神の御降りを仰ぎ、やがて御送り申した信仰があったかも知れぬのであります。」（『神道と民俗学』全集13）

2　まつりと年中行事

柳田が指摘するように、神を一年中神社にまつるのが神と人との関係の本来のあり方でないことは、神社の祭礼では神輿や山車といった乗物で神が神社を出かけてしまい、まつりの当日に神は神社にいないことからも裏づけられる。まつりの日は本来、神が人間の世界の外から訪れてくる日だったのである。このような古い姿のまつりは、ナマハゲ（秋田県）、トシドン、ボゼ（鹿児島県）、アカマタ・クロマタ、シヌグ（沖縄県）、など、地方のめずらしい行事に面影を残している（なぜ恐ろしい存在を迎え入れ、もてなし、送り返す必要があるのかについては、本書三章1 1を参照）。

日本の年中行事は、意外にも外国に起源があるとするものが多く（一月一日・三月三日・五月五日・七月七日・（今日では忘れられているが）九月九日は重陽――奇数を陰陽の陽の数とする中国の祭日、お盆やお彼岸は仏教の行事とされ、クリスマスはキリスト教）、また時代による変遷も大きいのだが、その内容や変遷を検討してみると、それらの年中行事が、実は民俗学者の推測する古いまつりのあり方を反復するものであることが見えてくる。折口信夫は次のように書いている（ただし個々の行事の解釈については、折口と柳田国男（『年中行事覚書』など）で異なる部分がある）。

「日本の年中行事に、通じて見られる根本の論理は、繰り返しと言う事であって…其繰り返した行事・風習に、春だからこう、秋だからああだ、此目的の為に行うのだ、と言う風な時代相当の合理観の加った理会をして来る。日本の年中行事は、複雑に見えるが、元は簡単で、大抵は、一つの行事の繰り返しなのである。」（折口信夫「年中行事」折口信夫全集（以下全集と略）17中央公論新社、仮名遣いを改めた）

正月の歳神の来訪やそれと関わる門松やお年玉の習慣、祖先の霊を迎え送り返すお盆は神の来訪に様々な説明が加えられたものであるし、送り返すことに力点をおけば、節分の豆まきや、七夕のねぶたや笹流しとなる。これらの多くは信仰に根ざした宗教行事としては意識されていないことが多いが、たとえば「雛《ひな》まつりを過ぎても人形を飾りっぱなしにしておくと、結婚が遅れるなどよくないことが起きる」という俗信を聞いたことがある人がいると思うが、もし雛人形が単なる人形であれば、これはまったくナンセンスである。実は今日のような内裏雛をかざることは江戸時代に貴族や大名からはじまったもので、男女一対の「お雛さま」を水辺でまつって最後に川や海に流す「流し雛」が古い形と考えられている。それは神を迎え、もてなし、あの世に送り返すまつりであり、雛人形が元々は神の宿るもの（形代）で、まつりの後にあの世に送り返されるべきものであったことを踏まえて、はじめてこの俗信は理解できる。もうひとつ、このようなまつりのあり方が無意識的に生きていることを示す例として、クリスマスの受容が挙げられる。日本では他のアジアの国々（韓国やフィリピンなど）と比べてもキリスト教徒の割合は少ないが、クリスマスイブはサンタクロースがプレゼントを持ってくる日として定着している。実はサンタクロース＝聖ニコラウスは異郷の神々を改宗させたキリスト教の聖人で、オーストリアの山間部などに残るその古いまつりは、改宗させた異郷の神を従えて家々をまわるという、ナマハゲなどとよく似たキリスト教以前のヨーロッパのまつりをキリスト教が取り込んだものである。(1) クリスマスが日本に定着したのは戦後のことだが、キリスト教の信仰とは別にここまで広く受容されるに至ったのは、それが私たちの無意識的な宗教観に合致するものだったからではないだろうか。

3――柳田国男の「常民」と仏教

しかし、このような柳田の常民の生活サイクルの中には、仏教を十分位置づけることができない。柳田は仏教の所説と人々の信仰の違いについて、お盆を例として挙げ、次のように述べている。

「…一方に念仏供養の功徳によって、必ず極楽に行くということを請け合っておきながら、なお毎年毎年この世に戻って来て、棚経を読んでもらわぬと浮かばれぬように、思わせようとしたのは自信のないことだった。…むしろ毎年時を定めて、先祖は還ってござるものと信ずることが容易であったらしいので、言わばこの点はまだ仏教の感化ではなかったのである。

私がこの本の中で力を入れて説きたいと思う一つの点は、日本人の死後の観念、すなわち霊は永久にこの国土のうちに留まって、そう遠方へは行ってしまわないという信仰が、おそらくは世の始めから、少なくとも今日まで、かなり根強くまだ持ち続けられているということである。」

「我々の先祖の霊が、極楽などに往ってしまわずに、子孫が年々の祭祀を絶やさぬ限り、永くこの国土の最も閑寂なる処に静遊し、時を定めて故郷に往来せられるという考えがもしあったとしたら、その時期は初秋の稲の花のようやく咲こうとする季節よりも、むしろ苗代の支度に取りかかろうとして、人の心の最も動揺する際が、特にその降臨の待ち望まれる時だったのではあるまいか。…盆を仏法の支配の下に置いて後まで、なお田舎には年の暮の魂祭というものが残っていた。今でもその痕跡以上のものが保存せられているのである。」（以上、『先祖の話』全集13）

お盆は『盂蘭盆経』に基づく仏教行事とされているが、中国で成立した疑経と考えられている。また、その内容は、夏安居（インドでは長い雨期の間僧侶は托鉢に出ることができず、共同で籠もって修行をおこなう。そのために釈尊に寄付された精舎が寺院の起源とされている）の際に僧に布施をおこなう功徳を説いたもので、それにより七生の父母が救済されるというが、それと毎年死者の霊がこの世を訪れるという行事のあり方は大きく異なっている。柳田が論じているように、お盆は仏教が日本に伝わる以前から存在した死者の霊を迎えもてなすまつりに、仏教的な説明づけが加えられたものと考えるべきだろう。仏教の形をとった在来の死者のまつりという民俗学者の推測はその通りだろうが、それは村々の暮らしに仏教が影響を与えなかったということを直ちに意味するわけではない。そもそも仏教が不要なら、なぜ死者のまつりが仏教行事の装いを取る必要があったのだろうか。

柳田の完成された図式においては、循環するハレ（非日常）とケ（日常）のサイクル以外のイレギュラーな要素は、常民とは無縁なものか、生活のサイクルを破壊するものとしてしか扱われない。『明治大正史世相篇』は、柳田が民俗学の手法を彼にとっての同時代史である近代化の歴史に応用したユニークな研究で、そこでは制度の発布や政治経済的事件によってではなく、衣食住などの生活の変化として日本の近代化が捉えられている。たとえば、衣服について、近代化によって服装の色が鮮やかに変わったことを指摘し、近代以前には鮮やかな色は聖なる色とされ、その鮮やかさを保つために日常に用いることを自ら禁じていていた（柳田はこの現象を「禁色《きんじき》」という政治的な色の使用制限を指す言葉を利用して「天然の禁色」と名づけている）のが、日常に鮮やかな色が持ち込まれ、ハレとケのサイクルが崩れていったと指摘している。

「色の存在は最初一つとして天然から学び知らなかったものはないのであるが、その中には明らかに永く留まって変わらぬものと、現滅の常なきものとの二種があった。地上に属するものとしては物の花、秋の紅葉も春夏の若緑も、美しいものはすべて移り動くことを法則としていた。…火の霊異の認められていた根本の要素には、もちろんあの模倣しがたい色と光があった。これに近いものはむしろ天上の方に多かったのである。虹の架橋は洋海の浜に居住する者の、ことに目を驚かし心を時めかすもので、支那でも虫扁をもってこの天象を表示する文字を作るように、日本ではこれを神蛇のすぐれて大いなるものと思っていた。その他おまんが紅などと名づけた夕焼の空の色、またはある日の曙の雲のあやのごとき、いずれも我々の手に触れ近づき視ることを許さぬということが、さらに一段とその感動を強めていたのである。いわゆる聖俗二つの差別は当然起らなければならなかった。移してこれを日常の用途に、充てようとしなかったのも理由がある。

だから我々は色彩の多種多様ということに、最初から決して無識であったのではなく、かえってこれを知ることがあまりに痛切であるために、忌みてその最も鮮明なるものを避けていた時代があったのである。」「こういう二通りの色の別ちが存する限り、たとえ技術はこれを許すとしても、人は容易に禁色を犯そうという気にはならなかった。…それが固有の染料の自らの制限だけでなかったことは、単なる白という色の用い方を見てもよくわかる。…白は本来は忌々しき色であった。日本では神祭の衣か喪の服以外には、以前はこれを身に着けることはなかったのである。…こういうやや不自然なる制限の解除されたことは、一つには異なる外国の風習の、利あって害なきことを知ったからでもあるが、それよりも強い理由は褻《け》と晴との混乱、すなわち稀に出現するところの昂奮というものの意義を、だんだんに軽く見るようになったことである。実際現代人は少しずつ常に昂奮している。そうしてやや疲れて来ると、始めて以前の渋いという味わいを懐かしく思うのである。」（以上、『明治大正史世相篇』全集26）

これは魅力的な論で、このような視点に立ってはじめて見えることも多々ある。しかしこのような視点からは、白壁、朱塗られた柱、緑青の連子窓、鈍く銀色に輝く瓦で荘厳され、常にそこに建っている仏教寺院も、非日常と日常の境を解体していくものとして、程度の差こそあれ、明治の西洋文明と同じ位置づけになってしまう。柳田はこの変化が外からの文明による解体だけではないことの例として、江戸時代における朝顔栽培の流行を挙げているが、その変化（都市文化の成立によるものだろう）が常民の生活サイクルからいかに生まれたかは論じていない。

4　柳田国男と折口信夫——その関心、方法論の違い

民衆の生活にも、たとえば神隠しのような、循環するサイクルとは異なる要素があり、『遠野物語』など、初期の柳田国男の研究はそのような側面に強い関心を向けていた。そのような研究に共鳴して民俗学の運動に参加し、柳田が常民の体系を作り上げるなかで相互の考えの違いが浮かび上がり、表面的な賛美、服従の下で、互いに対立する思いを募らせていった、弟子である意味ライバルでもあった存在として、折口信夫（一八八七～一九五三）がいる。折口は柳田のように文字化されないものに研究対象を限定することなく、『万葉集』『源氏物語』や、柳田は研究対象としないプロの演じ手による芸能も研究対象とした。ただそのアプローチは近代的な日本文学研究などとも異なり、それらの表現が生み出される原動力、エートスを民俗に見出す、発生学的な方法をとっていた。折口の主著『古代研究』の古代とは、時代区分の古代ではなく（その研究には説教節など中世の文芸作品が含まれている）、発生の場のことである。折口は柳田とは異なる自己の方法論を次のように語っている。

「私どもの生活は、功利の目的のついて廻らぬ、謂わばむだとも思われる様式の、由来不明なる「為来《シキタ》り」によって、純粋にせられる事が多い。其多くは、家庭生活を優雅にし、しなやかな力を与える。…

くりすますの木も、さんた・くろうすも、実はやはり、昔の耶蘇教徒が異教の人々の「生活の古典」のみやびやかさを見棄てる気になれないで、とり込んだものであったのである。家庭生活・郷党生活に「しきたり」を重んずる心は、近代では著しく美的に傾いている。…

生活の古典なるしきたりが、新しい郷党生活にそぐわない場合が多い。度々の申し合わせで、其改良を企てても、やはり不便な旧様式の方に綟りを戻しがちなのは、其中から「美」を感じようとする近世風よりは、更に古く、ある「善」——少くとも旧文化の勢力の残った郷党生活では——を認めているからである。此「善」の自信が出て来たのは、辿れば辿る程、神の信仰に根ざしのある事が顕れて来る。…

古代研究家の思いを凝さねばならぬのは、私どもの祖先からくり返して来た由来不明のしきたりが、時にはそうした倫理内容まで持って来た訳についてである。言うまでもない。神に奉仕するものの頼りと、あやまちを罪と観ずる心持ちとである。比が信仰から出ているものと見ないで、何と言おう。…

私どもはまず、古代文献から出発するであろう。そうして其注釈としては、なるべく後代までながらえていた、或は今も纔かに遺っている「生活の古典」を利用してゆきたい。」（「古代生活の研究」『古代研究』所収、全集2）

たとえば、芸能について、折口は「発生学風に研究」することの重要性を説き、芸能が当初から観客のために演じられるものだったのではなく、全員が当事者であるまつりとしての饗宴（その名残りとして「書生の宴会」の「藝廻し」——今で言えばコンパ芸やカラオケだろうか——を挙げている）に起源があるとして、そこから本来は部外者である観客が生まれてくる過程を推測している(『日本芸能史六講』。折口の能の発生論については第三章3 1で扱う)。

「何事も発生学風に研究して行くことであります。その態度からは藝能にしても、最初から何かはっきりした目的を有って出て来たと考えることは、間違っていると言えるでありましょう。むしろ最初は、目的はなかったのでしょうし、或はあったとしても、現在の吾々の考えているのと全然違った目的から出て来た、ということが考えられるのかも知れません。」

「いわば饗宴から出発した芸能は、誰に見せようという目的はなかった。ところがそれをみようという目的が出て来てから、見る者の位置が、その間に考え出されて来た。」(『日本芸能史六講』全集21)

柳田と折口の考えの違いが表面化したのが、民族学者の石田英一郎を司会者とする座談会「日本の神と霊魂の観念そのほか」と「民俗学から民族学へ」においてだった(共に『柳田国男対談集』ちくま学芸文庫所収)。「日本の神と霊魂の観念そのほか」は石田英一郎が当時話題になった江上波夫の騎馬民族征服説に対する意見を柳田と折口に求めることから始まるが、途中で固有信仰をめぐる議論に移り、柳田が「意見が違うからふれずにおいてもいいが、いい機会だから、あなたがマレビトということに到達した道筋みたいなものを、考えてみようじゃありませんか」と水を向け、核心的な議論が展開されていく。

要約すれば、二人の主要な対立点は二つある。柳田が神の原型を祖霊と考えているのに対し、折口はかならずしもそれが本来的なあり方ではないと考え、また、まつりにおけるように定期的に訪れてくる存在ばかりではなく、「時をきめずにさすらいながら来るものがあった」としている。

折口「私の昔の考えでは、おなじマレビトといいましても、ああいうふうに琉球的なものばかりでなく、時をきめずにさすらいながら来るものがあったようですね。」…

石田「折口先生、マレビトの中には祖霊とか祖先神とかいう観念は含まれておりましょうか。」

折口「それはいちばん整頓した形で、最初とも途中とも決定できませんが、日本人は第一次と見たいでしょうな――。常世の国なる死の島、常世の国に集まるのが、祖先の霊魂で、そこにいけば、男と女と、各一種の霊魂に帰してしまい、簡単になってしまう。それが個々の家の祖先というようなことでなく、単に村の祖先として戻ってくる。…私はどこまでも、マレビト一つ一つに個性ある祖先を眺めません。」

もうひとつは方法論の違いである。柳田は折口の研究が「本体を認めるということから出発しないと後がつづいてこない」ものであるのに対し、自分の研究は「現在するものからやっていこうとする」ものであると述べている。実際には柳田にも原型を求めたい思いがないわけではないが、帰納的、現在残る習俗の事例を集めてそれを分析することから元の姿を探っていく方法をとるのに対して、折口の場合は原型を直感的に摑み、そこからの展開として今ある事例や古典作品を見るという、演繹的な方法をとっている。この違いは続く座談会「民俗学から民俗学へ」で、次のようにさらに詳しく説明されている。

柳田「折口君がやっている方法と私のやっている方法とが違う。私のほうはあるいは廻りくどすぎたかもしれないが、日本の国土がこういうふうに、非常に地形の差、したがって開発段階が細かに分れる国であるということを利用したわけです。ですからすべて全国に共通していながら、少しずつ程度の違ったいくつかの生活事相を並べて、その間にこれとこれとが、どっちが早くはじまったか、最初は実は同じものだったのが、分岐してこうなっただろうということを証明しなければならない。その次にこのほうが古くてこのほうが新しい、ということを、あらゆる方法をつくしてきめようとする。…前代の記録と照らし合わせて、少しも矛盾を感じないいくつかのものを並べ比べて、一応はその中に隠れているものと推測して、だんだんに古い形に近づいて行こうとするのである。」

柳田「この人を前においていうのも失礼だが、折口君の場合はわれわれの読み方とは違う。読むときに本を二重に読んでいる。ノートにとらないけれども二つの入り口から本の内容が入っている。ぼくらはかえって抄録をするので、注意がやや片よるきらいがある。それを折口君はいっぺんよむと無意識に直覚と一致させている。…自分などは、折口君がそれを盛んにやられるから、いくぶんかその逆を行こうとする姿があるかもしれない。」

このような折口の資質がよく発揮されたものとして、和歌の発生論がある。現存最古の和歌集である『万葉集』では挽歌《ばんか》・相聞歌《そうもんか》・雑歌《ぞうか》の三つが歌の区分の基本となっていて、雑歌は（雑誌、雑種などと同じく）様々な歌という意味であり、特定ジャンルとしては、死者を悼む歌と死者が残した辞世の歌からなる挽歌と主に男女の恋の歌のやりとりである相聞歌になる。折口は、当時唱えられていた歌の感情起源説（強い感情を表現するために抑揚がつき、それが歌に発展していったとする説）を批判して、信仰起源説を唱えている。――『万葉集』できわめて複雑な発展を遂げているということは、文字のない時代に歌の長い発展の歴史が考えられなければならない。そのためには歌われた歌が口承で後の時代に伝えられていかなければならないが、歌がもし感情表現から生まれたものであるならば、それはその場限りのものである。折口は歌の起源を、神が人に憑依して語った自身の来歴に求め、それがまつりの場で神を演じる人によって反復継承され、そこから神に短い歌の形式で問い神がそれに答えるという応答がおこなわれるようになったと考えている。これが死者と生者のやりとりに用いられたのが挽歌の起源である。また、古代においては、男女の交際は神と神をまつる者の関係という形をとる必要があり、男女の愛も人間の言葉ではなく神とのコミュニケーションの手段である歌を用いなければならなかった。これが相聞歌の起源であり、神々の時間である夜に神として相手を訪ねて関係が結ばれた（よばい。「夜這ひ」は当て字で、「呼ばふ」の名詞形）。それに先立ってまつりの場で男女の集団の間で歌のやり取りがおこなわれることもあり（歌垣。これが子供の遊びとなったのが「はないちもんめ」、歌の競い合いとして残ったのが歌合戦）、そこにおいては男性の求婚を女性がいかに撥ねつけるかが女性の価値を高めることになり、そのため女歌は情のないものになったと折口は指摘している（『竹取物語』のかぐや姫などの造形を考える際の参考となる。第三章②5を参照）。

「一人称式に発想する叙事詩は、神の独り言である。神、人に憑って、自身の来歴を述べ、種族の歴史・土地の由緒などを陳べる。」

「神語即託宣は、人語を以てせられる場合もあるが、任意の神託を待たずに、答えを要望する場合に、神の意思は多く、譬喩或は象徴風に現われる。そこで「神語」を聞き知る審神者――さにわ――と言ふ者が出来るのである。…神の意思表現に用いられた簡単な「神語」の様式が、神に対しての設問にも、利用せられる様になったかと思われる。」（以上「国学の発生（第一稿）」『古代研究』所収、全集1）

「神が来臨する祭りの夜は、男は皆外へ出払って居って、巫女たるべき女が残って居る。そうした家々へ神人が行く。饗応をも受ければ、床も共にして、夜の明けぬ前に戻る。そうして若しも其晩、子が寓ると、言うまでもなく神の子として、育てたのです。」（「古代生活に見えた恋愛」『古代研究』所収、全集1）

「歌垣と言う事がある。片歌の問答の発達したのは、神に仮装した男と、神に仕える処女、即、其時だけ処女として神に接する女とが、神の場で式を行う。即、両方に分れて、かけ合いを始める。…神々の問答が、神と処女と、そして村の男と女とのかけ合いになった。…其が、相手の歌を凌駕すると賞讃せられ、又、女が男をやりこめると、其女がもてはやされた。で、此歌垣の場の問答が、才能頓智を主とする様になって来た。此が、段々と変って来て、ここに短歌の形が分かれて来る。」（「万葉集の解題」『古代研究』所収、全集1）

「女歌は、男歌に対する抗弁であるから、信仰の衰えた時代になっても、女の歌は、自分は澄ましながら、相手の男を手酷く言ひ込めるという方面の才気を、極度に発達させているのである。」（「上世日本の文学」『日本文学啓蒙』全集23）

「古代伝承には、女性と男性との争闘を、結婚の必須条件にして居た多くの事実を見せている。死者の霊を呼び還すにも、同じ方式の儀式・同じ発想の詞章が用いられた。其為、万葉の如き後の物にすら、多くの挽歌が恋愛要素を含み、相聞に挽歌発想をとったものを交えているのである。」（「国文学の発生（第四稿）」『古代研究』全集1）

形として残っている作品を生み出すことになったものへの折口の洞察は、直接言及されることは少ないが、膨大な古典や民俗的事例の知識を背景としており（たとえば、今も残るイタコの口寄せや中世の歌論において挽歌の例として聖徳太子と死んだ乞食の歌のやり取り（本書180頁）が挙げられたことから考えると、たしかに挽歌は死の悲しみの表現ではなく、死者へ思いを伝える――辞世の歌は逆に生者に思いを伝える――ものと考えなければならない）、驚嘆すべきものといわざるをえない。

なお、歌垣について、折口は「古代生活に見えた恋愛」において村の内部のものと考えているが、『常陸国風土記』で筑波山の歌垣に坂東の諸国の人々が集まったとされていること、歌垣の伝説が残る童子女の松原で出会っているのが那珂の寒田の郎子と海上の安是の嬢子で、この記事のある香島郡が常陸国那珂郡と下総国海上郡の一部を分割した作られたものであることを踏まえると、共同体の間でおこなわれていたものと考えるべきである。(2) 中国西南部の少数民族の間で今もおこなわれている類似の行事も族外婚を前提としており、日本古代の歌垣もそのようなものと考えた方が、「信太妻の話」などで折口が注目し、他界を「妣が国」と捉えることとも関わる異類婚姻譚とも整合する。

5　「常世国」――なぜ人は他界を想定するか

折口信夫の考える神の原像は、彼が客人を意味する古語の「まれびと」と名づけていることが示すように、共同体の外部から訪れる存在である。では共同体にとってその外部とはいかなる意味を持つものだろうか。(3) 折口は論文「異郷意識の進展」（およびそれを増補展開した『古代研究』所収「妣が国へ・常世へ」）でこの問題について論じている。


「全体、人間の持っている文芸は、どういう処に根を据えているかというと、生理的にも、精神的にも、あらゆる制約で、束縛せられている人間の、たとい一歩でもくつろぎたい、一あがきのゆとりでもつけたいという、解脱に対する憧憬が、文芸の原始的動機なのである。…

多くの場合において、のすたるじい（懐郷）とえきぞちずむ（異国趣味）とは兄弟の関係にある。何時如何なる処にも、万物の起源、手近くは、人間の起りに就いて、驚異の心を起こさぬ者はないであろう。そこに説明神話が生まれて来る。…

われわれの祖先が、この国に移り住む以前にいた故土、即、其地について理想化せられた物語りが父祖の口から伝えられていた、郷土に対する恋慕の心は、強い力を以て、千年、二千年まえの祖々《オヤオヤ》を支配していたばかりでなく、今尚われわれの心に生きている。

数年前、熊野に旅して、真昼の海に突き出た大王个崎の尽端に立った時、私はその波路の果に、わが魂のふるさとがあるのではなかろうか、という心地が募って来て堪えられなかった。これを、単なる詩人的の感傷と思われたくはない。これはあたいずむから来た、のすたるじい（懐郷）であったのだと信じている。」（「異郷意識の進展」全集20）

折口は民族移動という歴史的な問題と今・ここにあるという制約からの解放の希求という心理的・構造的な問題を同時に論じようとしているため、論は錯綜し複雑なものとなっているが、なぜ神が外部から来るのかという問題に絞っていえば、今・ここにあることの制約からの解放の希求が、本来的世界としての他界を構想したということになるだろう。今・ここにあることの制約の最たるものが、私たちは死ななければならない存在であることを意識することであり、そこから本来的世界としての他界は死の世界であると同時に永遠の生命の世界、「常世《とこよ》」として観念される。このような考えは、最初期の論考から晩年の集大成的な論文「民族史観における他界観念」に至るまで見られる、いわば折口の思考の通奏低音というべきものである。

「芸術が超自然・超経験を希《コイネガ》うた如く、愛は個体的区分を解脱する欲求なのだ。ぷらとうの愛を前世に割かれた他の半身を覓《モト》める努力だというたのは、決して譬喩や頓才ではないのである。」（「零時日記（I）」全集三二）

「死ぬことは恐ろしい。死んでどこへ行くのだろうか。死んでなくなってしまうのだろうか。恐怖心と他界の考えと、それから永遠の考えとがそこに出てくる。肉体と霊魂との離れることが恐ろしい。…霊魂の存在を認めると、それに対する恐れが起こり、化け物の考え、神の考えが起こる。」（「民間伝承学講

義」全集ノート編7）

「なぜ人間は、どこまでも我々と対立して生を営む物のある他界を想望し初めたか。其は私どもには解き難い問題なるが故に、宗教の学徒の、将来の才能深い人を予期する必要があるだろう。私などは、智慧も短し、之を釈くには命も長くはなかろう。だが此までの経験から言うと、…人が死ぬるからである。死んで後永世を保つ資格あるものになるからだ。」（「民族史観における他界観念」全集20）

しかし、他界観念を生み出したこのような過剰なる思いは、必ずしも共同体の中に安定した位置をえるとは限らない。むしろその過剰さを共同体に位置づけ直す作業が、毎年の定期のまつりといえるかもしれない。今・ここにあることの制約を超えたいという強い思いが本来的世界、自分がかつていた世界、自分のあるべき世界としての他界を生み出した時、現実と夢想は反転し、夢想された世界こそがリアルなものとなる。それが個人の心的現象として起こったのが、折口が文学の原初形態とする神の憑依である。まつりはそれを一定の型のものとして繰り返し、神を満足させ再び送り返そうとする。しかし、その過剰な思いを共同体が吸収しきれない時、過剰な思いを抱え取り憑かれたものの漂泊がはじまる。それが折口が物語の原型と考えた貴種流離譚である。

後で詳しく検討するが（本書第三章②）、折口が小説『死者の書』で描こうとしたのは、ひとことで言えば、このような本源的な世界を観念する信仰のもとに仏教が到来し、浄土信仰という形で仏教が定着したということだった。折口は共同体の中にそこから逸脱・発展していく要素を見、それによって柳田とは異なり仏の信仰を受け入れた問題を神信仰との接点において考えることができたのである。

（1）遠藤紀勝『仮面　ヨーロッパの祭りと年中行事』社会思想社現代教養文庫を参照。
（2）関和彦『風土記と古代社会』塙書房、西郷信綱「市と歌垣」『古代の声』朝日新聞社所収も参照。
（3）上野千鶴子「異神・まれびと・外来王」『現代思想』一九八四年四月号も参照。

第二章 伝統的仏教観からの読み直し

釈尊が悟りを開いたブッダガヤの
金剛宝座（インド）

1 伝統的仏教観――インド・チベットの伝統

1 「ラマ教」としての仏教――キリスト教との違い

キリスト教のような一神教（神が世界を創造し、その創造主が被造物にこれこれをしなさい／してはいけないと命令する）と仏教はその性格が大きく異なるにもかかわらず、近代的な仏教理解は一神教を基本イメージとした西洋的な宗教の捉え方を踏まえているため、仏教本来の性格が見えなくなってしまっている。

インドでは大昔から現在に至るまで、カースト制度が根強く存在しており、それはインド神話に基づいている（『リグ・ヴェーダ』[1]）。司祭者のカースト（バラモン）が神々をまつり、バラモン教とも呼ばれる。それに対し、古代のインドで生産力が向上して、富の蓄積や流通が盛んになって王族や商人が台頭したことに呼応するように、非バラモンによる教えが次々生まれた。仏教はそのひとつであり、現在まで残る他の教えとして、ジャイナ教がある。仏教経典によれば、宗教家たちは互いに自分こそが真理を知っている、お前は間違っていると論争を繰り返していたが、釈尊の教えは古代インドの他の多くの宗教や思想家の教えとも異なり、「これこそが真理である」といった形而上学的な主張ではなく、苦しみからの解放を目指すものだった。(2) 釈尊の言葉として次のようなものが伝えられている。

「(世の学者たちは) めいめいの見解に固執して、互いに異なった執見をいだいて争い、(みずから真理への) 熟達者であると称して、さまざまに論ずる。――「このように知る人は真理を知っている。これを非難する人はまだ不完全な人である」と。かれらはこのように異なった執見をいだいて論争し、「論敵は愚者であって、真理に達した人ではない」と言う。これらの人々はみな「自分こそ真理に達した人である」と語っているが、これらのうちで、どの説が真実なのであろうか?」(パーリ小部経典『スッタニパータ』、『ブッダのことば』岩波文庫)

「ひとが何か或るものに依拠して「その他のものはつまらぬものである」と見なすならば、それは実にこだわりである、と〈真理に達した人々〉は語る。それ故に修行者は、見たこと・学んだこと・思索したこと・または戒律や道徳にこだわってはならない。…かれはすでに得た(見解)〔先入見〕を捨て去って執着することなく、学識に関しても特に依拠することをしない。…かれはここで、両極端に対し、種々の生存に対し、この世についても、来世についても、願うことがない。種々の事物に関して断定を下して得た固執の住居《すまい》は、かれには何も存在しない。」(同前)

「「世界は常住なものであるという見解があるとき、清浄行に住するであろう」ということはない。また「世界は常住ならざるものであるという見解があるとき、清浄行に住するであろう」ということはない。世界は常住なものであるという見解があっても、また世界は常住ならざるものであるという見解があっても、しかも生あり、老いることあり、死あり、憂い、悲しみ、苦痛、悩み、悶えがある。われはいま目のあたり、これらの消失を説くのである。」（パーリ中部経典『小マールーンキヤ経（箭喩経）』中村元編『原始仏典』筑摩書房所収）

伝統的に僧を「医師」、教えを「薬」に喩えたり、釈尊の尊称のひとつに「医王」というものがあることが示すように、仏教はすべての人が従うべき一律の教えではなく、苦しみからの解放の手段であり、何をすべきかはその人の状況によって変わってくる。癌の特効薬が開発されたからといって、風邪の人に与えては病気が治るどころか具合が悪くなってしまうし、また病気が治ったら薬はもういらなくなる。仏教の戒律には、仏教徒であろうとなかろうと関係ない、世間一般で悪とされること（性罪）も含まれるが（在家の戒でいえば、殺すこと・盗むこと・性的にみだらなことをすること・嘘をつくこと）、仏教固有の戒であれば、守るという誓いを立てた時点で効力を発揮し、誓いを立てたにもかかわらず守らないと罪とされる（遮罪。出家の戒律のほとんどがそうだが、在家の戒でいえば、酒を飲むこと）。逆に、いくら町で病人を見かけたからといって、医者がその人を強制的に連れ去って手術したりすれば犯罪になるのと同様、本人にその意思がなければ仏陀であろうと何もしてあげることができない、というのが仏教の特色である。

チベット仏教はかつて正統な仏教とは異なる教えという意味で「ラマ教」と呼ばれることがあった。ラマとはチベット語で師僧のことである。しかし、仏教とは異なる教えというのは正しくないが[3]、これはもともとチベットを訪れたキリスト教の宣教師がチベットの信仰に対して名づけたもので、キリスト教が創造主を信仰するものであるのに対して、仏教は釈尊が苦しみの真の原因に気づいてそれを滅して仏陀となり、他の人々にも苦しみの滅し方を教えるという、師がお手本であり目標でもある教えであるという違いを述べたものと考えれば、特色をよく捉えたものともいえる。[4]仏教では「成仏」すなわち仏陀になることが目指されるが、キリスト教で「私は神になる」とか「私はキリストである」と言ったら、異常者扱いされるだろう。

仏教は決してわかりやすい教えではない。だから一層、見本としての師僧の存在が重要になるわけだが、一生涯のうちに教え導くことができる者の数には限りがある。それゆえ、大乗仏教では、すべての生き物を苦しみから救い仏陀の境地に導くという菩薩の誓いを立て、繰り返し生まれ、人々を導くことが目指される（日本でも高僧たちは仏菩薩の化身として信仰されていたことは17～18頁で述べた）。次はインドのシャーンティデーヴァ（八世紀）の『入菩薩行論』の一節である（引用は『ダライ・ラマ至高なる道』春秋社による）。

「虚空があるかぎり、また、衆生が存在するかぎり、私もこの世界にとどまって、衆生の苦しみを除くことができますように。」（『入菩薩行論』十章）

2　釈尊の悟りと教え――梵天勧請と対機説法

「釈迦牟尼」とは釈迦族の尊い人という意味で、釈尊と略す（釈迦は氏族の名称で個人を指すものではない）。古代インドの王国のひとつ（現在はネパール領内）の王子として生まれた釈尊は、地位や家族を捨てて修行の道にはいり、最終的にブッダガヤの菩提樹の木蔭で瞑想して悟りを開いた。インドでは伝統的な仏教は滅んでしまったが、大きく分けて二つの系統に分かれ、アジアの諸国に広まっている。ひとつはパーリ語で記された経典に基づく伝統で、タイ、ビルマ、スリランカなどに広まっている。もうひとつはインドの神聖言語であるサンスクリットで書かれた経典に基づく伝統で、漢訳されて中国、韓国、日本、ベトナムなどに広まり、チベット語にも訳され、チベットの他、モンゴル、ブータン、旧満州（中国東北部。現在は民族的独自性が失われたといわれている）などに広まった。サンスクリット経典には、パーリ経典と共通する内容（阿含経典）の他、固有のいわゆる大乗経典が含まれている。近年では欧米においても仏教への関心が高まっている。(5)

伝統的説明では、釈尊の涅槃後、教えを聞いた弟子が集まって編纂したのが阿含経典とされ、それに対して『般若心経』や『法華経』『華厳経』など、日本でよく知られた経典は後にあらわれた大乗経典であり、古代インドにおいても認めるかどうかで議論があった。『般若心経』には大小二種があり、「如是我聞」ではじまる大本によれば、釈尊は霊鷲山で瞑想中で、その境地を観自在菩薩（観音）

が理解し、舎利子（シャーリプトラ。釈尊の高弟）に説明しているのが、「観自在菩薩…」ではじまる小本の内容に相当する部分である。そこでは空、無という言葉が連発されているが、空、無とされているのは、阿含経典で説かれている重要な教え—五蘊・十二処・十八界、十二支縁起、四聖諦—である。大乗経典を認める伝統では、阿含経典では苦しみを滅するための手段が説かれているのに対して、『般若心経』は、それが不要になった、苦しみから解放された釈尊の境地を説いているのであり、そこに矛盾はないと考える。教えのこのような性格は、阿含経典でも筏の喩え（教えは彼岸に渡る手段であり、渡り終えたら不要になる）で説明されている[6]。

それらの伝統で共通して釈尊が悟りを開いた時の出来事として伝えているものに、梵天勧請のエピソードがある。釈尊は悟りを開いた時、自分が悟った内容は他には理解されず喜ばれないと考えて教えは説くまいと考え、そこにインドの最高神ブラフマン（梵天）があらわれて、人々のために教えを説くことを請い、教えが説かれるようになったというのである。

「わたしのさとったこの真理は深遠で、見がたく、難解であり、しずまり、絶妙であり、思考の域を超え、微妙であり、賢者のみよく知るところである。ところがこの世の人々は執着のこだわりを楽しみ、執着のこだわりに耽り、執着のこだわりを嬉しがっている。さて執着のこだわりを楽しみ、執着のこだわりに耽り、執着のこだわりを嬉しがっている人々には、〈これを条件としてかれがあるということ〉すなわち縁起という道理は見がたい。またすべての形成作用のしずまること、すべての執着を棄て去ること、妄執の消滅、貪欲を離れること、止滅、やすらぎ（ニルヴァーナ）というこの道理もまた見がたい。だからわたしが理法（教え）を説いたとしても、もしも他の人々がわたしのいうことを理解してくれなければ、わたしには疲労が残るだけだ。わたしには憂慮があるだけだ。」（パーリ相応部経典『梵天相応』第一品『ブッダ　悪魔との対話』岩波文庫所収）

しかし、悟った内容の理解のしがたさということには変わりがないため、釈尊の教えは一律なものではなく、相手に合わせた教え方（対機説法）となった。(7)

釈尊が最初に説いた教え（初転法輪）は、苦しみ（苦諦）、苦しみの原因（集諦）、苦しみの滅した境地（滅諦）、それに至る実践（道諦）の四つの真理（四聖諦）だったとされており、釈尊の悟りとは苦しみを完全に滅した境地への到達だったと考えられているが、苦しみをなくすことなら誰もが望みそうなのに、なぜ釈尊はそれを他の人には理解されずそれを聞くことが喜ばれないと考えたのだろうか。

仏教徒でなくても誰もが幸せを望み、苦しみを望まない。それは人間だけでなく他の動物すべてにもいえることである。しかし釈尊が発見したその解決法は、通常の人が考えるものとは大きく異なっていた。釈尊から見れば、他の人々は幸せを望みながら、その原因を間違えているために、幸せを望んでかえって苦しみに陥っており、逆に言えば、人々からは釈尊の悟りは苦しみのない幸せの境地には見えないのである。それが釈尊が教えを説くのを躊躇した原因だった。

インドからチベットに伝えられた伝統では、釈尊の対機説法の教えを、三種類の人々への教えとして整理している。

まず大多数の、釈尊から見れば間違った幸せの追求をしている人（下士）に対して説かれたのが、悪いこと（十不善＝殺生・偸盗・邪婬・悪口・妄語（嘘）・両舌・綺語（無駄話）・貪欲（貪り）・瞋恚（怒り）・愚痴（間違った考え方））をしないようにという教えだった。普通、私たちは欲しいものを手に入れ、嫌なものを排除することによって、苦しみをなくし幸せを手に入れることができると（間違って）信じている。そういう人に対して釈尊は、嫌な奴だからといって殺したり、欲しいからといって他人の物を盗んでしまっては、幸せは得られず逆に苦しむことになると説いたのである。

次に、そのようなやり方が実はうまくいかないということが理解できる――そもそも欲しいもの／嫌なものは自分の外にあるから、手に入らない／なくすことができないことの方が多いのであり、そのため欲しいのに手に入らない／嫌なのになくならないことで逆に苦しみが生じてしまう上、仮に手に入れる／なくすことができたとしても、しばらくしたら、別なものが欲しくてたまらなくなる／嫌でたまらなくなるので、きりがない――人（中士）に対して釈尊が説いたのが、輪廻からの解脱の勧めだった。輪廻とは単に死後の生があるということではなく、ひとつの行為はそれで完結せずそれによって次の行為が引き起こされていくという行為の連鎖のことである。そのため私たちの生もゼロからいきなり始まったわけではなく、また死んで突然ゼロになってしまうこともないと考える。欲しいものを手に入れよう、嫌なものをなくそうとすることは、いつまでたっても終わりが来ないのであり、そのような行為の連鎖から抜け出すべきことが説かれたのである。

最も能力の高い人（上士）は、なぜ嫌なものをなくし欲しいものを手に入れることが幸せの追求法として間違っているか、その理由をも理解できる人で、そういう人に釈尊が説いたのが、伝統的な表現でいえば有（実在論）と無（虚無論）の双方を離れた無住処涅槃、すなわち仏陀の境地だった。

なぜ、嫌なものをなくす、欲しいものを手に入れるという、誰もがやろうとすることが間違いでうまくいかないのかというと、それは私たちの心のメカニズムに原因がある。私たちの心は、目で見る場合も、耳で聞く場合も、心の中で思い浮かべる場合も、対象物を他のものと区別しない限り、認識することはできない。その区別は私たちの側がおこなっているのだが、そうやって区別したものを認識するため、自分が区別したものがリアルなものとして私たちにはありありと感じられる。そのため、自分が悪い価値のものとして捉えたものに対しては、それを排除したいという嫌悪の気持ち（瞋り）、よい価値のものとして捉えたものに対しては、それを手に入れたいという欲望（貪り）が反射的に生じ、それは対象の側に原因があると考えられるために、なくす／手にいれることによって解決すると間違って考えられてしまう。しかし嫌なものというもの／欲しいものというものが実体として存在しているわけではなく、それらは私たちの捉え方によってそう映っているだけにすぎないため、その解決法はうまくいかないのである。

私たちの心には嫌なもの／欲しいものは実感をもって映っているため、解脱は、最初、我々の外にあるものであるかのように捉えられ、目指される。しかし、実際にその境地に触れてみるならば、実体がないということは、その対象物（色）が実体がない（空）ということであり、対象物とは別に実体がないという境地が存在するわけではない。空は、有と対立する無のことではないのである。これが仏陀の智慧の心髄というタイトルの『般若心経』で説かれている「色即是空、空是即色」、一切の「顛倒夢想」を離れた真の「涅槃」、仏陀の境地に他ならない。

このような仏教の考えは、実感に反しているため、理解することは容易ではない。しかし、理屈ではなく実際の例から考えてみると、理解のきっかけが得られるかもしれない。たとえばある食べ物を出された時、それが好物である人にはその食べ物は食べたくてたまらないご馳走に、嫌いな人には見るだけでムカムカする不味い物に映る。もしそれらが実体なら、人によって正反対の物であることは理屈に合わない。また、同じものがある人にとって、ある時には欲しいものとして映るが、別の時には嫌でたまらないものとして映ることもある。恋愛を考えてみると、恋が始まるのには何かきっかけがあり、たとえばある人にやさしくされて、何て素敵な人だと思って恋愛感情を抱く。それが片思いであれば、辛くてたまらないだろうし、交際が始まっても、会っている時は幸せ一杯だが、別れて一人になると辛く、会いたくてたまらなくなる。しかし、同じ人が別の人にやさしくしているのを見たとしたら、それは一変し、裏切られた、騙されたと怒りの気持ちで一杯になり、喧嘩し、場合によっては別れてしまうかもしれない。別れた後も、その人のことを思い出すだけでなんて酷い奴だとむかむか腹が立ってくるということもあるだろう。しかし、あれほど思うだけで会いたくてたまらなかった人と、思い出すだけで腹が立ってくる人は、同じ一人の人なのである。

仏教では、対象をよいものと捉えることによって生じてくるそれを手に入れたいという気持ち（貪り）、対象を悪いものと捉えることによって生じてくるそれを排除したいという嫌悪の気持ち（瞋り）、そのどちらの原因でもあり、仮に貪りや瞋りが生じてこない場合でも常に働いている、対象を実体視する間違った捉え方（無知）こそが、煩悩の中でも根本の三つ（三毒）で、それこそが真に私たちを苦しめているものと考える。

しかし多くの人にとって、目の前にありありと欲しいもの／嫌なものがあるのに、それらを手に入れる／排除することによって幸せを得る／苦しみをなくすことはできないというのは、馬鹿げた考えのようにしかみえないだろう。それゆえ釈尊は教えを説くことを躊躇し、ブラフマンの懇請によって教えが説かれることになっても、相手の能力に合わせた教え方となったのである。

3　大乗仏教――ラムリム（菩提道次第）とナーガールジュナ（龍樹）の経典理解

このような整理をチベットに伝えたのが、インド（現在のバングラデシュの出身）の高僧アティシャ（九八二～一〇五四）である。古代のチベットでは国家事業として仏教の導入がおこなわれたが、古代王国の崩壊後混乱が生じ、様々な教えの相互関係が問題になった（声聞戒と菩薩戒の関係、密教の位置づけなど)。その解決のためにチベットに招かれたのがアティシャで、仏教を三種類の人々への教えとして整理し、もっとも高いレベルの実践として、菩提心を起こした上で、空性の瞑想(止観)と方便によって二資糧(智慧・福徳)を積み、仏陀の境地に至ることを説く『菩提道灯論』[8]を著した。『菩提道灯論』では三種類の人々(三士)は、それぞれ「何らかの方法により輪廻の安楽のみを、自己のための希求する者」(下士)・「有の安楽に背を向けて、罪業を止める本性の、自己の寂静のみを希求するかの人士」(中士)・「自相続に属する苦でもって、他者のあらゆる苦を正しく尽きさせることを欲する彼の人士」(上士)と説明されている。この考えはラムリム(菩提道次第)と呼ばれ、仏教のあらゆる教えを仏陀の境地に至る実践として体系づけた教えとして、現在のチベットの各宗派(ニンマ派・カギュー派・サキャ派・ゲルク派)の学習、実践の基盤となっている。[9]

このような仏教理解を遡っていくと、古代インドの高僧ナーガールジュナ(龍樹。一五〇～二五〇頃。チベットの伝統では七世紀頃の同名の密教行者と同一人物とする)に辿りつく(日本仏教でも八宗の祖と仰がれている)。阿含経典には、主に在家の信者への教えとして、悪をなさないことにより人間や天界に生まれることを目指す教えと、出家した僧尼への教えとして輪廻からの解脱を目指す教えが説かれているが、ナーガールジュナはそれらは相手に合わせた教えで、釈尊自身の悟りとは異なるとした。

「文法学者は（弟子に）字母のようなものでも教えます。そのように、仏陀は教化の対象である人びとの能力に応じて、法を説かれました。そこで、ある人びとには罪悪から逃れるように法を説き、ある人びとには福徳を完成するように法を説き、また、ある人びとには、両者によるところの法を説かれました。また、ある人びとには、両者を超え、深遠であり、おそれる人を畏怖させる法を説き、ある人びとには、空性と慈悲からなり、菩提を完成する方法をもつ法を説かれました。」（ナーガールジュナ『宝行王正論』『龍樹論集』中央公論社所収）

たしかに、阿含経典をよくみると、釈尊は「『わたくしはこのことを説く』、ということがわたくしにはない」、「わが筏はすでに組まれて、よくつくられていたが、激流を克服して、すでに渡りおわり、彼岸に到着している。もはや筏の必要はない」、「聖者は、所有したいという執着に汚されることなく、（煩悩の）矢を抜き去って、つとめ励んで行い、この世をもかの世をも望まない」（『スッタニパータ』）などと、人間界や天界に生まれることを目指す教えとも、輪廻からの解脱を目指す教えとも違う境地を語っている箇所がある。「このことを説く」ことがない境地、筏が不要になった境地、この世をもかの世をも望まない境地こそが、輪廻からの解脱を目指す段階を超えた、最高の境地、空なのである。それを主題にしているのがナーガールジュナの主著『中論』で、『中論』だけを見ると、ナーガールジュナの仏教の捉え方が三段階であることは見えにくいが、十八章の「もろもろの仏は「我（が有る）」とも仮説し、「我が無い（無我である）」とも説き、「いかなる我も無く、無我もない」

とも説いている」について、インドのチャーンドラキールティはチベットの伝統で重視されている註釈書『明句論』で、それぞれ①不善をなす者に、それをやめさせるための教え、②善はなしているが実体視に縛られている者に、涅槃への熱望を生じさせるための教え、③涅槃に近い者に、我はないが無我もまた実体ではないことを説く教えであると解説している。[10] ナーガールジュナ自身の言葉としては、前掲の『宝行王正論』の教えのほか、『六十頌如理論』に「愚かな人たちは物体（色）に愛着する。中間にある人たちは貪りを離れる。物体の本性を知る最高の智慧のある人たちは解脱する」（龍樹論集』）とある。

真の解脱とは、輪廻（有）を離れて無となることではない。ナーガールジュナは『宝行王正論』で次のように説いている。これを理解するのが仏陀の智慧である。

「存在の群（蘊）に対する執着があるかぎり、「われがある」という（我意識）も存在します。さらに、我意識があるとき業が生じ、さらにまた、その業から（苦の）生存が生じます。この輪廻の輪は、火の輪のように、始め・中間・終わりがなく、交互に因となって、（我意識・業・生存の）三つの道をめぐり歩きます。自・他・共によっても、過去・現在・未来の三時によっても、それ（我意識）は得られないから、我意識は滅します。それから業が、さらに（苦の）生存が滅します。因と果による生起と、その消滅をこのように見る人は、真実には、この世界は無であるとも有であるとも、主張しません。」

「有の状態が無となるということは、消滅または煩悩を断つこと（対治）があるから可能となります。

消滅や対治は、もし有が不可能であるならば、どうしてありえましょうか。それゆえに、真実には、寂滅（涅槃）によって、この世界が無に帰するのではありません。（したがって）勝利者《ジナ》は「この世界には終わりがあるのか」と問われたとき、沈黙されました。諸仏は、この深遠なる法を、（理解する）器でない人びとには説かれなかったというまさにその理由によって、全知者（仏陀）は真に全知者である、と知られるのです。」（以上、『宝行王正論』）

ナーガールジュナは十二支縁起（無明〜生・老死、無明尽〜生尽・老死尽。苦しみの原因が苦しみを生み出すさまと、原因を除くことによる苦の消滅を、それぞれ十二の段階で瞑想していくもの）を煩悩・業・（苦としての）生の三つの果てしない循環として捉えており（『因縁心論』、『中論』二六章）、実体として疑っていない「私」を分析してどこにも「私」を見つけることができないことを悟ることによって、果てしない循環から解放されることができる（『中論』十八章）としている。[11]

パーリ語、サンスクリット双方の伝統に共通して、釈尊はインドの王子として生まれた一回の生だけで仏陀の境地に至ったわけではなく、生まれ変わりを繰り返して善行をおこない続けて仏陀の境地に至ったとして、釈尊の前世物語（ジャータカ。本生譚）を伝えている。大乗仏教で仏陀の境地に至る実践とされている六波羅蜜（布施・持戒・忍辱・精進・禅定・智慧＝般若）は、この前世物語に説かれている行為をモデルとしたものである。

「私は昔、かつて尸毘王となった時、および一切の施主となった時、ならびに尾濫大王の身となった時までに、身を捨て、宝を捨てて、〈布施波羅蜜〉を行ないました。昔、隊商人の主となって大海に乗り入れた時には、〈戒〉を守って、もっぱら彼岸に行かんことを求めました。そのために、自身を害して、衆人を楽ならしめ、すべての人に、苦海を渡ることを得しめました。昔、かつて仙人となった時には、つねに〈忍辱波羅蜜〉を行ない、身体や手足を切り離されても、忍辱を実行することにより、心が退転することはありませんでした。緊那羅本生に説かれている如く、更にまた私はかつて大海が枯れるまで水を汲み出して、もって〈精進波羅蜜〉を完成せんと欲しました。それらは皆、真実語によったのであります。私は昔、薬物大臣と言われたとき、牛出婆羅門と論議することによって、〈般若波羅蜜〉を完成しました。この時、諸天は鼓をうって、助け喜びました。私は昔婆羅門となって、生然と呼ばれた時に、〈禅定波羅蜜〉を勤修しました。その時は、私の頭に鳥が男女の卵を生みました。その間、私は禅定に入っていて、立たなかったのです。鳥は卵をかえし、飛び立ってゆくことができました。このように修行して六波羅蜜を完成し、慈心もて常に、思念をもつ処には、私は広心もて求めて、願を尊重し、願をおこし、願い求めて、すべてを完成しました。」（『根本説一切有部毘奈耶薬事』『原始仏典』所収）

ナーガールジュナが大乗仏典を仏陀の教えとするのは、阿含経典には断片的にしか説かれていない仏陀自身の境地とそこに至るための実践法が、そこに主題的に説かれているからである。

「大乗は、布施・持戒・忍辱・精進・禅定・智慧、慈悲からなっています。したがって、大乗にどうして悪く述べられた教えがありましょう。布施・持戒によって利他を、忍辱と精進によって自利を完成します。禅定と智慧は解脱のためにあります。これが大乗の要点であります。仏陀の教えは要約すれば、利他と自利と解脱のためにあります。それらは六つの完全なる徳（六波羅蜜）のなかに収まります。それゆえに、これは仏説であります。」

「声聞乗には、菩薩の誓願と行道と廻向とが説かれていません。したがって、この声聞乗によって、どうして菩薩となりえましょうか。…（声聞乗の）聖典のなかには、菩提への道を実践するために説かれた言葉はありません。しかるに、大乗には説かれています。それゆえに、賢者たちによって大乗が受持されるのです。」（以上、『宝行王正論』）

六波羅蜜の実践は、福徳を積むことと智慧を積むことに要約でき、因果という観点から言えば、それぞれが仏陀の色身（他を救うための形ある姿）と法身（形のない悟りそのもの）を得る因となる。たとえば、現在でもインドでは貧しい人のために食事を与えるということがおこなわれ、もちろんそれは善行ではあるのだが、有限な福徳しか積むことができず、それだけを因として仏陀の境地に至ることはできない。仏陀という無上の存在になるための因は有限なものではありえず、一切衆生という無数の存在のための善行という福徳と、有限な知識とは異なる空性を理解する智慧こそが仏陀となるのに必要な因だというのが、ナーガールジュナの理解である。

「王よ、要約しますと、諸仏の色身は福徳の資糧に由来していますし、法身は智慧の資糧から生まれたものです。」

「生きとし生けるものは無数であるから、それに応じて無数の福徳をつねに積み集めます。このように（福徳に）辺際がないから、無辺際の仏陀の位を得ることはむずかしくない、といわれます。」

「ヴァイシュヤの法である三百の器の食物を毎日三度にわたって施すとしても、わずか一刹那の慈しみから生まれる福徳に比べると、一部分にも及びません。」

「仏陀の色身の因でさえも、このように世界と同じく、量り知ることはできません。そうであるなら、法身の因がどうして量り知られましょうか。」

「諸仏によって、大乗には福徳と智慧からなる菩提への大道がある、と示されましたが、その大乗は無知によってはけっして見られません。」（以上、『宝行王正論』）

4 菩薩の実践――『入菩薩行論』とロジョン（心の訓練法）

釈尊の前世の物語というのは、日本でもよく知られているものを挙げると、次のようなものである。――ある時釈尊は王子として生まれ、山で飢えた母虎をみつけた。子虎たちは母の乳を飲もうとするが、母虎は飢えて死にそうなためその子供を食べようとしており、子虎は母虎に近づくことができない。このままでは母虎も子虎も死んでしまう、王子は何か与えようと思ったが何も見つからず、遂に自分の身を食べさせて、虎たちの命を救った。王子は死んでしまったが、再び生まれ変わって善行をなし続けた。ある時は、釈尊は兎として生まれた。森の動物たちで山で修行している仙人になにか差し上げようということになり、それぞれ食べ物などを持ってきた。しかし兎は何も手に入れることができず、仙人の前に進み出ると、「私の身を供養します」と焚き火に飛び込んだ。神は兎を称賛し、月には兎の姿が描かれることになったのだ。

これらは美しい話だが、では自分もそれができるかというと、首を振る人がほとんどだろう。大乗というのは誰もが容易に実践できるものではない。近年の研究では、インドの仏教の歴史で大乗が主流になったことは一度もなかったと考えられている。「私」というものを実体視している限り、自分の身を与えることは自分にとって苦しみであり、望ましいものではない。空性を理解する智慧と衆生のための福徳は、どちらか一方だけで実践できるものではないのである。

空性を理解する智慧を得ている前世の釈尊のような聖者ではない、「私」の実体視に捉われている凡夫は、ではどのようにすればいいのだろうか。チベットの伝統の中で、この凡夫の大乗の実践の指針となってきたのが、先に引用したインドのシャーンティデーヴァの『入菩薩行論』である。インドからアティシャが伝えた伝統では、『入菩薩行論』は全十章からなり[12]、まず一章で菩提心を起こすことがいかに自分と他人の利益になるかが考察され、それを納得した上で、二、三章で実際に菩提心を起こす（あらゆる方角の仏陀たちの前で、一切衆生を苦しみから救うために自分も仏陀が前世で実践したことを実践して仏陀になると誓いをたてる）段階に進むことになる。

「過去の善逝が菩提心を起こし、菩薩の学習を彼らが順次に身につけたように、同じように衆生の利益

のために菩提心を起こし、同じように学習を順次に学習いたします。」（三章）

「私」という思いに捉われた凡夫に菩提心が生じることは稀で、あたかも「電光が夜を割いて、その光のなかで、暗闇の雲が隠してきたすべてを照らし出すよう」なものである（一章）。それは一瞬であり、持続させていくことは容易ではない。ナーガールジュナも『宝行王正論』で説いているように、大乗仏教の実践が仏陀の境地を得る因となりうるのは、それが一切衆生という無量の対象に対する善行であり、無量の徳を積むことができるためである。しかし、菩提心を一旦起こした上でそれを捨ててしまうことは、逆に一切衆生を騙したことになり、はかりしれない罪となる。シャーンティデーヴァはそう考えることによって、いったん起こした菩提心を失うことなく実践するよう促している。

「もし以上のように誓いを立てたあとで実際の行為によって達成しなかったら、かの衆生たちをすべて騙したことにより、私の行く先はどのようになろうか。」（四章）

本章の冒頭で触れたように（74頁）、仏教の破戒の罪は誓いをたてて破った場合に生じるのであり、僧侶の戒律（声聞戒）の場合でいえば、たとえば異性と性的な関係を持ちたくて戒律を守ることができそうになければ、戒律を返上して在家に戻れば、不倫などの淫らな行為でなければ問題ないとされている。しかし、菩薩戒に関しては、その誓いが「仏陀の境地に至るまで」というものであるため、途中で放棄すると無量の罪が生じてしまう。といって飢えた虎に自分を食べさせることを無理強いするのではない。シャーンティデーヴァは初心者がそれをおこなうことを戒め、まず心をそのように訓練していくべきことを説いている。

「慈悲の思いが清浄でないかぎり、この肉体を投げ捨ててはならない。現世と来世において偉大な目的を成就する原因のために投げ出せ。…菩薩の行は限りないと説かれているが、そのうちで心の浄化の行をまず必ず行じなければならない。」（五章）

九章では智慧が説かれるが、その冒頭でシャーンティデーヴァは、それまでの章が智慧を得るために説かれてきたことを明かしている。

「これら一切の部門を牟尼は般若のために説かれた。それゆえ、苦しみを鎮めたい者は般若を起こすべきである。」（九章）

『入菩薩行論』の構造に関しては様々な観点から説明でき、パトゥル・リンポチェ（一八〇八～一八八七）が実践の観点からおこなった、「宝の如き至高なる菩提心、生じない人には生じますように（＝一～三章）。生じたならば、減退することなく（＝四～六章）、ますます増大しますように（＝七～九章）」という祈りの言葉に対応させた説明は、チベットで有名である。苦しみの完全なる消滅という観点から捉えるならば、空性を理解する智慧こそが苦しみを滅する手段であるが、それを理解するためにはアティシャが『菩提道灯論』で「自相続に属する苦でもって、他者のあらゆる苦を正しく尽きさせることを欲する彼の人士」と表現したような、自己中心的な考えから離れ、つねに一切衆生のことのみを考え、一切衆生の利益こそが自分にとっての幸せであるような心の人になる必要がある。そのための心の訓練が八章までの内容で、その最後に自他を平等に見、さらには自他を交換する瞑想が位置づけられている（九章本では異なる）。

「世間のさまざまな安楽は、すべて他者の安楽を望んだことより生じた。世間のさまざまな苦しみは、すべて自分の安楽を望んだことより生じた。多くを語る必要がどこにあろうか。子どもじみた者は利己的に振る舞い、牟尼は利他的に振る舞う。この二つの区別を見よ。自分の安楽と他者の苦しみを交換しなければ、ブッダになることはできないし、輪廻における安楽もない。…自分を手放さなければ、苦しみを断つことはできない。火を手放さなければ、火傷を避けることができないようなものである。それゆえ、自分の悩みをしずめ、他者の苦しみをしずめるために、自分を他者に投げ出して、他者を自分のように受け取ろう。」（八章）

自分の手足を「私」と思い、守ろうとするのは、輪廻の中で実体視に捉われ続けてきたことからくる慣れである。しかしそれは慣れであって、よく考察してみたら、これが「私」であるという実体を見出すことはできない。ならば、他者を自分の手足のように、あるいは自分以上に大切なものとして心を訓練して行けば、他者の苦しみは自分の苦しみとなり、他者の喜びは自分の喜びかそれ以上のものになる。その時が、他に自分の体を与えてそれが自分の喜びとなる、真の菩薩の実践をなしうる段階である（『入菩薩行論』七章二〇～三〇偈、八章九一～一一七偈で論じられている）。

アティシャも『菩提道灯論』で述べているが、ナーガールジュナ『宝行王正論』が仏陀への道とした智慧を得る止観の実践と福徳を積む方便の実践は、相補的な関係にあり、交互におこなう必要がある。空性の理解に近づくことができれば、利他は容易になり、自分の実体視を完全に離れれば、釈尊が前世におこなったように飢えた虎に自分を食べさせることすら可能になるだろう。しかし空性の教えが聞けば誰でも理解できるものなら、釈尊が悟った時に教えをためらう必要はない。実体視に捉われた人にはそれは困難であり、理解するためには、自己中心的な心を離れて福徳を積み、一切衆生の喜びを自分の喜びとするように心を養っていく必要がある。そのための実践法としてチベットで重視されているのが、ロジョン（心の訓練法）と呼ばれる教えで、アティシャが一人の弟子だけに授けた教えとされ、後に宗派を超えて広く実践されるようになった。

ロジョンは元々は口伝で伝えられた教えであるため、様々な系統、テキストが存在するが、その核となっているのは、無我の瞑想と、呼吸をする際に、一切衆生の苦しみを煙のかたちで吸い、自分の幸せを光のかたちで衆生に対して吐くと考えるトンレン（直訳すると、与え‐受け取る）の瞑想である。

これはナーガールジュナ『宝行王正論』やシャーンティデーヴァ『入菩薩行論』のエッセンスを実践するもので、単純ではあるがきわめて効果の高い実践として宗派を超えて勧められ、近年では欧米においても心のケアの方法として関心が寄せられている。(13)

日本ではチベット仏教というと密教のイメージが強いが、あくまでもこれまで述べてきたことを踏まえた仏陀の境地に至るための実践法として位置づけられるものであり、単なる瞑想のテクニックではない。(14)アティシャは『菩提道灯論』で密教を仏陀に至る上士の実践として位置づけているものの、なぜそれが仏陀の境地を可能にするかを説明していないが、チベット仏教ゲルク派の開祖ツォンカパは、顕教では智慧を積むことと福徳を積むことは同時におこなうことはできず、交互におこなうことになるが、密教においては空性の境地で自身を本尊の姿として瞑想することによって、法身の因と色身の因を同時に積むことができ、それによってすみやかに仏陀の境地に至ることができると説明している（『真言道次第』）。

シャーンティデーヴァ『入菩薩行論』は『菩提行経』の題名で漢訳されているが、中国や日本の仏教に影響を与えた様子はみられない。それは訳がきわめて不正確で意味不明な箇所が多いためで、(15)そのため、日本の仏教者は、凡夫がいかに大乗の実践をおこなうかという問題について、チベット人のような『入菩薩行論』という手がかりなしに、素手で取り組まなければならなかった。

(1)「プルシャは千頭・千眼・千足を有す。彼はあらゆる方面より大地を蔽いて、それよりなお十指の高さに聳え立てり。…神々がプルシャを祭供（供物）として祭祀を執行したるとき、…彼の口はブラーフマナ（バラモン、祭官階級）なりき。両腕はラージャニア（王族・武人階級）となされたり。彼の両腿はすなわちヴァイシア（庶民階級）なり。両足よりシュードラ（奴婢階級）生じたり。」『リグ・ヴェーダ讃歌』岩波文庫。

(2) 中村元　構造倫理学講座Ⅱ『〈生きる道〉の倫理』春秋社を参照。

(3) ダライ・ラマ十四世テンジン・ギャツォ『ダライ・ラマ　智慧の眼をひらく』春秋社を参照。

(4) ニチャン・リンポチェ「チベット古義仏教の歴史と修行法」『チベット文化研究会報』一九八七年十月号を参照。

(5) ケネス・タナカ『アメリカ仏教』武蔵野大学出版会を参照。

(6) 大本の和訳は『般若心経・金剛般若経』岩波文庫所収。吉村均「伝統仏教から見た『般若心経』」『チベット文化研究会報』二〇一三年四月号も参照。

(7) 極端に物覚えのわるいチューダパンタカ（周梨槃特）は、釈尊から塵を払えと言われて布を渡され、忠実に実行し続け、ある日真に払うべき塵は心にあることに気づいて阿羅漢の境地に達し、子供が死んで狂乱し、生き返させることを願うクリシャー・ガウタミー（瞿曇尼）は、死者を出したことのない家から芥子粒を貰って来るよう言われて、探し回るうちに、死者を出したことのない家などなく、死の避けられないことを悟って正気を取り戻し、出家して尼となったという。

(8) 付録としてガムポパ『解脱の宝飾』ＵＮＩＯに収録。

(9) 日本の出版物にはラムリムは正統派のゲルク派の教えでニンマ派を異端と説明するものがあるが、事実とは異なり、ゲルク派の開祖ツォンカパはニンマ派のロダク・ナムカギャルツェンからラムリムの相承をうけている。

(10) 奥住毅『増補改訂　中論註釈書の研究』山喜房仏書林。

(11)『ダライ・ラマの「中論」講義』大蔵出版を参照。

(12) 別系統の九章本が敦煌文書から発見されている。斎藤明「敦煌出土アクシャヤマティ作『入菩薩行論』とその周辺」『チベットの仏教と社会』春秋社所収、「シャーンティデーヴァ作『入菩薩行論』の伝承と変容」古典学の再構築研究成果報告書『論集・伝承と変容（世界）』所収などを参照。
(13) 吉村均「チベットに伝わる心の訓練法（ロジョン）と現代」明治学院大学『カルチュール』5巻1。元々秘伝として伝えられていた高度な実践法であり、現代人が心のケアの方法として実践する場合は注意を要する。ソギャル・リンポチェ『チベットの生と死の書』講談社も参照。
(14) 吉村均「チベット・ネパール仏教の実践」『仏教の事典』朝倉書店を参照。
(15) 中村元　現代語訳大乗仏典5『論書・他』東京書籍を参照。

2　道元を読み直す

学校の教科書では、道元や親鸞などを鎌倉新仏教として、わかりやすい教えで民衆に仏教を広めたと説明していることがあるが、これはキリスト教の宗教改革になぞらえて彼らの教えを捉えたもので、実態とは大きく異なる。前節で紹介したインド・チベットの伝統を踏まえて考えるならば、道元や親鸞の教えは極めて高度な内容であり、それを正しく理解できる者は多くなかったと思われる。実際、道元は弟子の懐奘に対し、教えを受ける者がごくわずかでも正しい教えが伝えられているのが仏法の隆盛であると語っているし（『正法眼蔵随聞記』）、親鸞は念仏弾圧に連座して流された後、関東で教えを説き、後に京都に戻ったが、関東での門人はさほど多くはなかったと推測され、親鸞が京都から書き送った書簡では、自分の教えに対する誤解があることがたびたび説かれている。

1　坐禅と無の境地

チベットの伝統では、禅というと何か劣った教えであるかのように言われることがある。仏教が伝わったのはチベットよりも中国の方が早く、古代のチベットには、中国からシルクロードを経た流れと、インドからの流れの二つが伝わった。王の前で中国の禅僧（大乗和尚）とインドの中観派の僧（カマラシーラ）が対決し、中観の教えが正統とされたと言われている（サムイェの宗論）。ゲルク派の開祖ツォンカパはこの論争を取り上げ、中国禅の主張は六波羅蜜は不要として禅定のみおこなうもの、またその瞑想も無念無想の境地を目指すもので、外道（インドの仏教以外の宗教）の瞑想と変わらないとしている（『菩提道次第・広論』止の章(1)）。

仏教側の理解によれば、インドの他の宗教の瞑想は、三昧（サマーディ）の境地そのものを最終目的とするもので、たしかにその状態では妄念は生じないが、それは心の働きを一時的に停止させているだけで、瞑想を終えて感覚が対象を捉えれば、再び実体視に基づいて煩悩が湧き起こってくる。眠りの深い状態では夢も見ないが（近代科学でレム睡眠－ノンレム睡眠の違いが発見されたのは一九五三年のことだが、仏教ではこの区別を知っていた）、目が覚めれば眠る前と変わらないのと同様である。それに対し、仏教の瞑想は止観、すなわち一点集中によって煩悩の働きを止めた状態で空を観じるもので、瞑想中に空が直接体験できれば、瞑想後に感覚が対象物を捉えても実体としては捉えられないため、煩悩が生じることはないとされている（『菩提道次第・略論』観の章(2)）。

止観をどのように実践するかについてはアティシャ『菩提道灯論』でも言及されているが、今に伝わる伝統を踏まえてごく簡単に述べると、――まずおこなうのは止の修行で、一点に集中することによって煩悩が湧き起こらないようにする。これは病気でいえば症状を抑える段階で、この瞑想は外道と共通である。それができるようになると（あるいはそれと並行して）、無我、空について考えることがおこなわれる。いくつかの方法があり、顕教では、実体としての私がどこに見つけられるかを探す、縁起について考える、などをおこなう。密教では、グル・ヨーガと呼ばれる師の智慧と一体化する瞑想がおこなわれる。その他、秘訣（禅の公案に似ている）を師が授けるやり方もあるが、これは秘密の教えとされている。これらによって直接言語で指し示すことができない空について確信（決知）が得られたならば、その「わかった！」という境地に心を集中させて瞑想をおこなう。これが止の上の観の瞑想（止観双修）で、これによって空が直接体験できるようになるという。

たしかに世間では禅というと坐禅によって無念無想の境地に至るものというイメージがあるが、興味深いことに中国の臨済（?〜八六七）も日本の道元（一二〇〇〜一二五三）も、そのような禅理解を大きな誤解であると厳しく批判している。その批判点もチベットのツォンカパと変わらない。臨済は弟子に次のように説いている（ここでは中国仏教の歴史的研究が目的ではないので、臨済宗の伝統的解釈を踏まえた朝比奈宗源訳の『臨済録』岩波文庫旧版を用いる）。

「お前たちは、とかく外に向って何ものかを求めて手懸にしようとする、それが誤りである。お前たちは仏を求めようとするが、仏とは、ただの名前である。お前たちはいったいその求めまわっているものを知っているか。三世十方の仏や祖師が世に出られたのも、ただ法を求めるためであった。現代のお前たちも、また法を求めているのだ。法が得られればいいのだ。それができないと今まで通り五道の輪廻を繰返す。いったい法とは何だと思う。法とは心である。心は形は無いが、十方世界に充ち満ちて、目の前に生き生きとはたらいている。大抵の人はこれを信じきることができないで、菩薩だ涅槃だという名相や言句を学び、文字や概念の中に、仏法を求めようとする。天と地ほどの見当ちがいだ。」

「お前たちよ、われこそはという大丈夫の気概のある者ならば、たった今、ここで自分が本来仏であり、他に求むべき何ものも無いことを見てとれ。残念ながらお前たちがそれを信じきれないために、外に向ってせかせかと求めまわり、頭があるのにうろたえて更に頭を探す愚をいつまでもやめない。」

「お前たち、世間では仏道は修行して悟るものだと言うが、誤ってはいけない。もし修行して得たものがあったら、それこそ迷いの上塗り、生死流転の業である。またお前たちは、よく六度万行を修するなどと言うが、わしから見れば、これもまた迷いの業だ。仏を求め法を求めるのも地獄へおちる業。菩薩になろうとするのも、また経論を学んだり研究するのも、すべて悪業をつくるのだ。仏や祖師とは、そんなことの全くいらなかった無事の人である。だから仏や祖師にとっては迷いも悟りもみな清浄の業なのだ。世間の明き盲の坊さんたちが、大飯を食べては坐禅をし、心に妄想がみだりに起こらないようにして、喧騒を嫌がり静かな所を好むが、こんなのは外道のやり方だ。」

「お前たちは、わしが外に向って求めても法が無いと説くと、その真意を理解しないで、今度は内に向って求めようとして、壁に向って坐禅をし、舌で上の顎を支えて、じっとして動かず、その静かに澄みきった境地こそ、祖師門下の悟りであるという。これも大きな誤りだ。お前たちが、もしその不動清浄の境地をもって正しい悟りだとしたならば、盗人をつかまえて主人公と思い込むようなものだ。古人が「澄みわたった黒暗の深い坑こそ本当に怖れなければならない」と言っているのはそこである。」

臨済は外に仏を求めるなと説いているが、それは一般論としてではなく、あくまでも仏陀の境地を求めている弟子への言葉であることを忘れてはならない。臨済の教えは、インド・チベットの伝統（本書79〜81頁）に照らし合わせるならば、輪廻からの解脱を求めている中士に、有と無の双方を離れた上士の段階へ入ることを促したものと理解することができる。しかしその、外に仏はないという教えで瞑想修行に打ち込む場合にも危険がある。外道の三昧と共通する止の瞑想も、仏教固有の止の上での観の瞑想も、どちらも概念を超えた瞑想であるため、後者の経験のない者は、煩悩を一時的に抑えているだけなのに、空を体験したと勘違いしてしまうことがある。これはチベットの伝統でも強く注意される点である。

「今回は無念無想の境地を体験してみましょう。…あるがままの心の状態を体験しようとするなら、最初のうちは一種の虚無感を、空白感を味わうことでしょう。心を外的な対象との関わりで理解することに慣れきっているため、世界を自分のイメージで、主観で見る癖がついているせいなのです。ですから、心を外的な対象からひっこめてしまうと、自分の心さえ認識できなくなったように感じるのです。それは一種の空白、虚無です。しかし、この瞑想に徐々に慣れ、熟達してくると、心の奥底にある種の澄明さを見てとることができるようになります。

しかし、この状態を空性の瞑想であるとか空性を悟ったと勘違いしてはなりません。また、とてつもなく深い瞑想体験をしたと思いこんでもなりません。これは非仏教徒、仏教徒に共通の瞑想法であり、

特に高度なレベルに達した禅定は専門用語で「無色界定」と呼ばれます。」(『ダライ・ラマ 怒りを癒す』講談社)

止だけの三昧では感覚が対象を捉えないため、貪りや瞋りの心は一時的に生じないが、空を体験して痴(対象物を実体視する無明)を滅していないため、瞑想を終えればふたたび元に戻ってしまう。もしそれを悟りの境地だと思い込んでしまえば、修行はそこで停滞し、それを弟子に説けば、それ以降の系譜の者はすべてそれが悟りだと思い込み、仏教の核心は見失われてしまうことになる。「坐禅をし、心に妄想がみだりに起こらないようにして、喧騒を嫌がり静かな所を好むが、こんなのは外道のやり方だ」(坐禅観行《かんぎょう》し、念漏を把捉して放起せしめず、喧を厭い静を求む、是れ外道の法なり)、「お前たちが、もしその不動清浄の境地をもって正しい悟りだとしたならば、盗人をつかまえて主人公と思い込むようなものだ」(是れ儞若《なんじ》し不動清浄の境を取って是《ぜ》と為さば、儞即ち他の無明を認めて郎主《ろうしゅ》と為す)というのは逆説でも何でもなく、そのまま素直に受け取らないといけない言葉なのである。

中国禅には有名な南岳磨磚という話がある。——馬祖道一が一心に坐禅に打ち込んでいるのを見て、素質を見抜いた南岳懐譲が何をしているのか尋ねると、馬祖は「仏になろうと思って」と言う。すると南岳はおもむろにその傍に座って瓦を磨きはじめ、馬祖が尋ねると「鏡を作ろうと思って」と言う。馬祖が「瓦を磨いても鏡にはならないでしょう」と言うと、南岳は「人が坐禅しても仏にはならないだろう」、馬祖はそこでハッと悟ったという（『景徳伝灯録』）。しかし、これは相手が馬祖だったから有効だったのであり、南岳や臨済の言葉を誰彼かまわず鵜呑みにして、経典の内容を考えることも坐禅の修行も必要ではなく、ただあるがままで仏なのだと受け取ってしまったならば、中身は凡夫と少しも変わらない外見だけの禅僧が生まれてしまうことになる。実際、道元が留学した時代の中国禅はそのような状況だったという。

2　正しい悟りの境地とは――十二巻『正法眼蔵』「四禅比丘」巻

道元は幼少に父母を亡くし、比叡山で出家した後、栄西門下の明全から禅を学び、共に中国に渡った。当時の中国禅の状況に失望したことを後に記しているが、天童如浄と出会い、「身心脱落」の語を聞くことによって悟り、帰国して京都の南の深草で教えを説いたが、比叡山から圧力を受け、波多野義重の招きによって越前（福井県）に移り、永平寺を開いた。道元は「只管打坐」、ひたすら坐禅のみをおこなうことを説いたといわれるが、それが臨済が批判するところの「不動清浄の境」の実践であるならば、これは外道の三昧と変わらないことになる。しかし道元も止の三昧の境地と空性の理解の違いをはっきり認識していた。道元は『弁道話』で、坐禅は三学（戒・定・慧）の定や六波羅蜜の禅定波羅蜜ではないとして、次のように述べている。

「もし人、一時なりといふとも、三業に仏印を標し、三昧に端座するとき、遍法界みな仏印となり、尽虚空ことごとくさとりとなる。…これらの等正覚、さらにかへりてしたしくあひ冥資するみちかよふがゆゑに、この坐禅人、確爾《くわくに》として身心脱落し、従来雑穢の知見思量を截断して、天真の仏法に証会し、あまねく微塵際そこばくの諸仏如来の道場ごとに仏事を助発し、ひろく仏向上の機にかうぶらしめて、よく仏向上の法を激揚す。…しかあれども、このもろもろの当人の知覚に昏ぜざらしむることは、静中の無造作にして直証《ぢきしょう》なるをもてなり。もし、凡流のおもひのごとく、修証を両段にあらせば、おのおのあひ覚知すべきなり。」（『弁道話』『正法眼蔵』岩波文庫1所収）

これは密教の三密加持（自分の身・口・意を仏の身・口・意となすことで即身成仏する）に極めて似た説明で、道元自身、坐禅は釈尊のブッダガヤでの悟りの瞑想を、師から弟子へと言葉を介さず伝えるもので、『弁道話』の中で密教との異同について、（方法の違いではなく）実際に悟りが得られるか否かであると説いている。ここに描かれている様は、『華厳経』に描かれている釈尊の悟りの世界を思わせるが、それは対象的に意識によって捉えられる世界ではない。その状態では「身心脱落」しており、意識の働きによって捉えられない体験なのである。そのため、修行者が瞑想によって無の境地を体験した際、自分は悟りの境地を体験したと誤解してしまうことがある。

道元は晩年『正法眼蔵』を全百巻に増補しようとして、新たに巻を書き継いだが果たさず亡くなった。その十二巻本のひとつ「四禅比丘」巻で、無の境地（止だけの三昧）の体験を悟りの境地（止の上の観）と感ちがいしてしまった二人の僧侶の話が取り上げられている。

四禅比丘は四禅（非想非非想処。いわゆる無念無想の境地。仏教ではそれは解脱の境地ではなく瞑想の世界である色界に生まれる因となるとする。さらに高度なものが無色界の瞑想）を達成して、自分は四果（声聞の聖者である預流・一来・不還・阿羅漢の第四。煩悩を完全に滅した境地）を得たと錯覚し、一人瞑想所に籠もっていた。死に際して色界の中有のあらわれを見て、仏に騙されたと怒りの心を発し、そのため色界のあらわれも消えて地獄に生まれてしまった。優婆毱多の弟子の比丘も同様に四禅を得て四果を得たと思い込み、師の毱多が方便で他所に遣わし、神通力で盗賊や美女を見せ、弟子は恐怖や色情の心を起こし、自分は阿羅漢ではなかった…と気づいていく。暗がりに女性を連れ込んで関係を持とうとしたところで師が姿を現わし、慙愧の念で低頭する弟子を師は僧伽に連れ帰って懺悔させた上で改めて教えを説き、今度は本当に阿羅漢の境地を得たという。道元は二人を比較して、二人を分けたのは四禅比丘が師から離れて一人で籠もっていたことと、間違いに気づいた時に反省するのではなく逆に師に怒りを起こしたことであるとして、正しい師に従うことの重要性を説いている。また阿羅漢とはどのようなものか、仏とはどのようなものかを正しく知っていなければ、実際には自分は仏になっていないのに仏になったとたやすく思い込んでしまうとして、当時中国で流行していた三教（仏教・儒教・道教）一致説をきびしく批判し、仏陀の智は孔子や老子のそれとは比べ物にならないとして、釈尊が論争を挑もうとした外道の論力を帰依させた話を紹介し、偈を引用している。

優婆毱多が神通力を用いて弟子に気づかせたのは、仏陀の智が他人が与えることのできる知識ではないためで、師の導きがあっても、それを悟るのは自分自身でなければならないものだからである。おそらくは道元は自分の没後の修行者のことを思ってこの巻を書き残したのであり、この巻で道元も毱多と同じ手法を用いている。先に現代のダライ・ラマ法王の教えを引用した（本書102頁）ように、第四禅のような無の境地（外道と共通の止の三昧）も聖者の境地である空の瞑想（止の上の観）も、共に概念の働きが停止した状態であり、後者の体験のない者は前者を体験して後者であると誤解してしまう危険があるのである。

では、悟り、仏陀の智はどのようなものか。それが次の『義品』の偈の引用（龍樹（ナーガールジュナ）の著作として漢訳のみ伝わる『大智度論』からの孫引き）で示されている。

「各々究竟《くきやう》なりと謂ひて、而も各《おのおの》自ら愛着し、各自ら是として彼を非なりとす、是れ皆な究竟に非ず。是の人論衆に入りて、義理を辯明する時、各々相是非し、勝負して憂苦を懐《いだ》く。勝者は憍坑に堕し、負者は憂獄に堕す、是の故に有智の者は、此二法に堕せず。論力、汝当に知るべし、我が諸《もろもろ》の弟子の法は、虚も無く亦《ま》た実も無し、汝、何れの所をか求めんと欲ふ。汝、我が論を壊《ゑ》せんと欲《おも》はば、終に已《すで》に此の処無し、一切智も明らめ難し、適《たまたま》自ら毀壊するに足らんのみ。」（『正法眼蔵』「四禅比丘」所引、岩波文庫4）

典拠である『義品』とは、文献学でもっとも成立期の古い経典のひとつと推測されている『スッタニパータ』第四経[3]のことである。外道はこれこそが究極だと特定の主張を掲げて論争しているが、自分が弟子に説いた教えは有／無の両極を離れており、お前は論破するものをどこにも見出せないのだ――これはナーガールジュナが仏陀の境地として見出したのと同じものであり（本書84～85頁）、道元はこれこそが孔子や老子の教えとは比べ物にならない、仏陀の智だとしているのである。

道元は仏教は「修証一等」であると説くが、これは単にひたすら坐禅をせよということではなく、インド・チベットの伝統でいう中士の段階（この段階では外道と同様に修行とその結果としての解脱が二元論的に捉えられている）を超えた、有と無の双方を離れた上士の境地と考えなければならない。[4]

「それ、修証はひとつにあらずとおもへる、すなわち外道の見なり。仏法には、修証これ一等なり。…又、まのあたり大宋国にしてみしかば、…その席主とせる伝仏心印の宗師に、仏法の大意をとぶらひしかば、修証の両段にあらぬむねをきこえき。」（『弁道話』）

「修証は無にあらず、修証は有にあらず、不知なり、不得なり。」（『正法眼蔵』「仏向上事」岩波文庫2）

道元はナーガールジュナを高く評価しており、『正法眼蔵』「仏性」巻では、ナーガールジュナとその弟子のアールヤデーヴァ（提婆）を、インド・中国・日本の代々の系譜の師（祖師）の中でも卓越した存在として讃えて、ナーガールジュナがアールヤデーヴァに嗣法した話を取り上げている。[5]また、十二巻本のひとつ「深信因果」巻では、空を虚無論であるとする誤解に対して反論したナーガールジュナ『中論』二四章の偈を引用している。

「龍樹・提婆師資よりのち、三国の諸方にある前代後代、まゝに仏学する人物、いまだ龍樹・提婆のごとく道取せず。いくばくの経師論師等か、仏祖の道を蹉過《さこ》する。」（『正法眼蔵』「仏性」岩波文庫1）

「龍樹祖師云く、「外道の人の如く、世間の因果を破せば、則ち今世後世無けん。出世の因果を破せば、則ち三宝・四諦・四沙門果無けん」。あきらかにしるべし。世間出世の因果を破するは「外道」なるべし。「今世なし」といふは、かたちはこのところにあれども、性はひさしくさとりに帰せり、性すなはち心なり、心は身とひとしからざるゆゑに。かくのごとく解《げ》する、すなはち外道なり。…因果を撥無することは、真の知識に参学せざるによりてなり。真知識に久参するがごときは、撥無因果等の邪解あるべからず。龍樹祖師の慈誨《じくわい》、深く信仰したてまつり、頂戴《ちやうだい》したてまつるべし。」（『正法眼蔵』「深信因果」岩波文庫4）

3　言葉と言葉を越えるもの——経典の教えと教外別伝

『正法眼蔵』に一貫して感じられるのは、私たちの目と仏陀の目の違いについて道元がきわめて自覚的で、その違いを何とかして気づかせようとしているということである。私たちには対象物が実体として映り、よいと映ったものを何としても手に入れたい、悪いと映ったものを何としても除きたいと思ってしまう。それが仏教が考える苦しみの真の原因だが（本書80～82頁）、仏教はそこからの解放のための教えなのに、それを私たち人間の目で捉え、解釈するならば、仏陀自身の悟りとは大きく隔たったものになってしまう。それが、「自己をはこびて万法を修証するを迷とす、万法すゝみて自己を修証するはさとりなり」（「現成公案」）ということである。道元は「現成公案」巻で、舟に乗っている人が実際には自分の方が動いているのに景色が動いていくように誤って感じられること、仏教の一水四見の喩え（人間に水に見えるものが、餓鬼には膿や血に、魚には住処に、天人には宝の瓔珞で飾られた場所に見える）など、様々な例を挙げて、そのことに気づかせようとしている。

「人、舟にのりてゆくに、めをめぐらして岸をみれば、きしのうつるとあやまる。」

「たとへば、船にのりて山なき海中にいで、四方《よも》をみるに、たゞまろにのみみゆ、さらにことなる相《さう》みゆることなし。しかあれど、この大海、まろなるにあらず、方《けた》なるにあらず、のこれる海徳つくすべからざるなり。宮殿のごとし、瓔珞《えうらく》のごとし。たゞわがまなこのおよぶところ、しばらくまろにみゆるのみなり。」（以上、『正法眼蔵』「現成公案」岩波文庫1）

したがって、仏教を学ぶには、すでに仏の目を得ている師の指導が不可欠である。道元が経典や論書を読んだだけの師に従うことを否定し、「師の正邪に随つて悟の偽と真と有り」（『学道用心集』）とまで言うのは、そのためである。

「又、仏法を伝授することは、かならず証契の人をその宗師とすべし。文字をかぞふる学者をもてその導師とするにたらず。一盲の衆盲をひかんがごとし。」（『弁道話』岩波文庫1）

伝統的には経典の言葉は月を指す指に喩えられる。指は月を見る手がかりとしては重要なものであるが、実際に月を見たことのない人があれこれ指に関して講釈すれば、それに従った人はとんでもない方向に月を探すことになってしまうだろう。

「われらはもとより無上菩提かけたるにあらず、とこしなへに受用すといへども、承当することをえざるゆゑに、みだりに知見をおこす事をならひとして、これを物とおふによりて、大道いたづらに蹉過す。この知見によりて、空花まち〳〵なり。あるいは十二輪転、二十五有の境界とおもひ、三乗五乗、有仏無仏の見、つくる事なし。この知見をならうて、仏法修行の正道とおもふべからず。」（『弁道話』岩波文庫1）

しかしこれは指（経典の言葉）が無意味で役に立たないものだということではない。道元は禅は教外別伝（釈尊は悟りの境地をダイレクトに摩訶迦葉に伝え、それを継承している）であり、言葉による教えとはくらべものにならないとする説をはっきり否定している。

「ある漢いはく、釈迦老漢、かつて一代の教典を宣説するほかに、さらに上乗一心の法を摩訶迦葉に正伝す、嫡々相承しきたれり。しかあれば、教は赴機《ふき》の戯論《けろん》なり、心《しん》は理性《りしやう》の真実なり。この正伝せる一心を、教外別伝といふ。三乗十二分教の所談にひとしかるべきにあらず。一心上乗なるゆゑに、直指《ぢきし》人心、見性《けんしやう》成仏なりといふ。この道取、いまだ仏法の家業にあらず。…仏正法眼蔵を単伝する仏祖、いかでか仏教を単伝せざらん。いはんや釈迦老漢、なにとしてか仏家の家業にあるべからざらん教法を施設《しせつ》することあらん。…このゆゑに、上乗一心といふは、三乗十二分教これなり、大蔵小蔵これなり。」（『正法眼蔵』「仏教」岩波文庫2）

もしその人が言葉を超えた悟りの境地を本当に体験したのなら、教えの言葉――月を指す指がすべて正しく月を指しているものであることが理解できるはずで、言葉の教えとは比べものにならないという主張は、その人が正しい悟りを経験していない、何よりの証拠である。道元自身、このような仏教理解を師の天童如浄から得た。道元が亡くなった際に見つかった、中国に渡って如浄から受けた教えを記した『宝慶記』[6]に、次のようなエピソードが記されている。――道元が如浄に「すべからく了義経を看るべし、不了義経を看ることなかれ」と言われているのはどういうことかを尋ねたところ、釈尊の本生譚などで固有名詞などの省略がないのが了義経だという答えが返り、真理が直接説かれているのが了義経で解釈が必要な方便の教えが不了義経ではないのかと（一般的理解に基づいて）聞き返したところ、釈尊の教えや生涯に了義でないものなど何ひとつないと言われたというのである。

「汝の言は非なり。世尊の所説は、広略ともに道理を尽くせばなり。たとい広説するも道理を究尽し、たとい略説するも道理を究尽し、その義理において究竟せざることなし。ないし、聖黙も聖説も皆、これ仏事なり。ゆえに光明を仏事となし、飯食を仏事となす。生天、下天、出家、苦行、降魔、成道、維衛、涅槃、ことごとくこれ仏事なり。見聞する衆生はともに利益を得るなり。ゆえにすべからく知るべし。皆、了義なり、と。」（『宝慶記』）

了義・未了義（不了義）というのは経典解釈における区別で、経典間で相矛盾したことが説かれていることがあり、ある教えは釈尊が真意をそのまま説いたもの、別の教えは方便の教えで解釈が必要なものとして理解するのである。しかし、そのような区別をおこなう側は、実は釈尊の真意を知らないのであり、もしそれがわかったら——月を自分で見たならば——、どのような教えや振る舞いも、その月を指し示す指であることが理解できるようになる。

『正法眼蔵』「嗣書」巻では道元は、如浄が「釈迦牟尼仏者《は》、迦葉仏に嗣法す。…」と説くのを聞いて疑問に思い、迦葉仏は釈尊よりも遥か以前の仏陀であり、その迦葉仏に釈尊が嗣法するというのは時代も合わず前後関係も違うのではないかと尋ねたところ、如浄から「なんぢがいふところは聴教の解なり、十聖三賢の道なり、仏祖嫡々の道にあらず。…諸阿笈摩《あごふま》教のいふところの劫量・寿量等にかゝはれざるべし。…釈迦仏は迦葉仏に嗣法すると学し、迦葉仏は釈迦仏に嗣法するなり。かくのごとく学するとき、まさに諸仏諸祖の嗣法にてはあるなり」と教えられたことを記している。「このとき道元、はじめて仏祖の嗣法あることを稟受《ひんじゅ》するのみにあらず、従来の旧窠《きうくわ》をも脱落《とつらく》するなり」という（岩波文庫2）。

私たちは、嗣法というものを、悟りというものが何か実体としてあり、それを手渡されるようなものとして想像しがちであるが（これは修行の先にあるものとして解脱なり悟りなりを想定する中士の捉え方である）、もしそうであれば、釈尊がはるか過去の迦葉仏に嗣法したというのは、まったくナンセンスである。本書の第一章2で紹介したように、和辻哲郎は時代を超えた悟りを想定する仏教理解を学問に価しないと退け、思想史的展開として捉えることを主張し、それは現在の日本における仏教理解の基本姿勢となっている。もし悟りがそうやって受け渡されるものであるならば、授ける側と受け取る側でそれぞれの捉え方があり、同じ仏教という名で呼ばれていても、地域や時代が異なれば、当然その内容も異なってくるだろう。各人が読書によって仏教を理解するというやり方は、百人いれば百通りの悟りの捉え方、仏教があるという前提に立っている。しかし、悟りとは、実体がないという空を理解することであり、喩えるならば、自分も先人が見た月を実際に見て、ああ、みんなが様々な言い方をしてきたのはこれのことだったのだ、と納得するようなものである。そのような形で仏教は伝えられているのであり、だからこそ嗣法は時空を超えているのである。

「釈迦牟尼仏の仏面を礼拝したてまつり、釈迦牟尼仏の仏眼をわがまなこにうつしたてまつり、わがまなこを仏眼にうつしたてまつりし仏眼精なり、仏面目也。これをあひつたへていまにいたるまで、一世も間断せず面授しきたれるはこの面授なり。」（『正法眼蔵』「面授」岩波文庫3）

「仏の印証をうるとき、無師独悟するなり、無自独悟するなり。このゆゑに、仏仏証嗣し、祖祖証契すといふなり。この道理の宗旨は、仏仏にあらざればあきらむべきにあらず。」（『正法眼蔵』「嗣書」岩波文庫2）

4　道元の経典の言葉の読み解き方――『正法眼蔵』「諸悪莫作」巻ほか

『正法眼蔵』「葛藤」巻で道元は、多くの人は葛藤を断つことが悟りだと思っていて、葛藤によって葛藤をからめる、葛藤によって葛藤を受け継ぐ、「嗣法これ葛藤と知る」者は稀だとして、中国に禅を伝えた菩提達磨が四人の弟子に理解し得たところを問うた話を取り上げている。――三人の弟子はそれぞれ言葉で答え、それに対して達磨はお前は私の皮、肉、骨を得たと言い、最後に慧可が達磨に対し三拝するのみだったのに対して「汝、わが髄を得たり」として、中国の第二祖とした。道元は、仏教を理解していない者は、慧可の理解が他よりも深かったから二祖となったと考えるが、それは間違いで、四人の捉え方に差はあっても共に悟ったのだと説いている（岩波文庫2）。

これは和辻哲郎が論文「沙門道元」で道元が教えの弁証法的展開を説いていると注目した教えだが（本書一章2参照）、しかし、同じ悟りが様々な言葉で表現されていくことと、表現の違いの対立が新たな表現を生み出していくことは違う。空は概念ではないから、『弁道話』で述べているように、それを悟るその瞬間には概念の働きはない。だから悟りを得ていない人が悟りとはこういうものではないかと想像しても、絶対それは外れている。

「仏法は、人の知るべきにあらず。…それをきはめ悟るとき、われながらも、かねてより悟るとはかくこそあらめとおもはる、ことはなきなり。たとひおぼゆれども、そのおぼゆるかたにたがはぬ悟りにてなきなり。」（『正法眼蔵』「唯仏与仏」岩波文庫4）

一方、それは概念を超えた体験ではあるが、それを体験した人はどのようなものかはっきりとわかっており（チベットの伝統では「唖者が砂糖をなめたように」と譬える）、それゆえ知識ではなく自分の言葉で指さすことができるのである（道元は「心不可得」巻でこの点を論じている）[7]。それが和辻は道元が弁証法的展開を説いているもうひとつの例とした「道得」ということである[8]。

「道得」とは道い《い》得るということで、道元は「道得」巻冒頭で、「諸仏諸祖は道得なり」と言い、だから悟った人が相手が悟ったかを識別するのに「道得也未」（言い得たかどうか）と聞くのだ、と説いている。そしてこれは単に言葉で表現できるか否かということではないとして、趙州の「もし一生修行の場を離れない（一生不離叢林）のであれば、ひたすら坐って十年十五年何も言わなくても、お前を聾唖者とは言わないし、諸仏も及ばないだろう」という言葉を引き、仏祖の道得の究極は「一生不離叢林」であり、聾唖者にも道得があり、その唖声、唖語を聞くべきだとしている。悟りは修証一等、修行とその結果という二元論的段階を越えた上士の境地であるから、そこにおいて悟りとその表現も一体であり、悟りというものがあってそれをあらためて言葉で表現するというものではない。まさに「色即是空、空是即色」であり、空と別に色（ここでは表現）が必要とされるというわけでも、空が原因で結果としての色があるわけでも、空が主で色が従というわけでもないのである（岩波文庫2）。

『維摩経』に「一音《いっとん》説法」ということが出てくる。道元も十二巻『正法眼蔵』「四馬」巻で引用しているが、仏陀は一音で教えを説き、それを衆生がそれぞれの理解に応じて異なる言葉・内容として聞き取ったというのである。チベットの伝統では、釈尊の教えを三種類の人々への教えとして捉えて段階的に学習・実践していくが（ラムリム。本書79～81頁）、道元の導き方は、それらの言葉を「皆、了義なり」（如浄の言葉。本書112頁）という観点から解き明かし、解脱や悟りを目標として捉えている段階の者を導く。通常の教えとは別のものとして教外別伝があるという理解を否定する道元は、仏教一般と区別して禅という言い方をすることを嫌ったが、この一気に核心に導こうという手法は、本項冒頭で紹介した臨済や南岳（本書100～104頁）にも通じる、きわめて禅的な指導法ということができる。

阿含経典では苦・集・滅・道の四聖諦が説かれ、『般若心経』では「無苦集滅道」が説かれているが、言ってみれば、道元の導き方はあらゆる教えを「無苦集滅道」の境地を示すものとして解き明かすものである。実際、道元は四聖諦について苦・集を世俗諦（概念、言語のレベル）、滅・道を勝義諦（第一義諦とも。概念を超えたレベル）とする説（これでは苦しみをその原因（集）を実践（道）によって除くことで滅するという二元的な、修証を分ける理解になる）を退けている。

「四諦といふは、苦諦・集諦・滅諦・道諦なり。これをきゝ、これを修行するに、生老病死を度脱し、般涅槃を究竟す。この四諦を修行するに、苦・集は俗なり、滅・道は第一義なりといふは、論師の見解なり。もし仏法によりて修行するがごときは、四諦ともに唯仏与仏なり。四諦ともに法住法位なり。四諦ともに実相なり、四諦ともに仏性なり。」（『正法眼蔵』「仏教」岩波文庫2）

禅の語録には、山が動くとか石女が子を産むとか、理解し難い表現が出てくるが、これは概念を超えた境地を気づかせるためのもので、道元は禅の言葉を「無理会話《むりういわ》」（意味のない言葉）とする当時の中国禅で広まっていたらしい説を、「禿子《とくす》」（禿げ頭！　形だけの僧の意）と罵り、お前にとって意味がないのであり悟りを開いた者にはそうではないのだと、厳しく退けている。

「いま現在大宋国に、杜撰《とせん》のやから一類あり、いまは群をなせり。…かれらいはく、「…先徳の方便、おほく葛藤断句をもちゐるといふは無理会なり」。かくのごとくいふやから、かつていまだ正師をみず、参学眼なし。…禿子がいふ無理会話、なんぢのみ無理会なり、仏祖はしかあらず。」（『正法眼蔵』「山水経」岩波文庫2）

『正法眼蔵』は難解だといわれるが、それはそれが一般に向けた説明の言葉ではなく、悟りを求める者を概念を超えた境地に導くための言葉だからである。経典には修証を分けた、二元論的に見える言葉もあるが、それも概念を超えた境地に導くための言葉であり（「法華転法華」巻で引用されている六祖慧能の『法華経』の三車一車の喩えの解釈(9)）、そのようなものとして聞き、理解しなければならない。

このような道元の姿勢がよくあらわれているのが『正法眼蔵』「諸悪莫作《まくさ》」巻の教えである（岩波文庫2）。「諸悪莫作、衆善奉行。自浄其意、是諸仏教」は七仏通誡偈と呼ばれ、釈尊を含む過去の仏陀すべてが保ったとされるものである。これを聞いた多くの人が感じるのは、しごく当たり前のことを言っているだけで、いったいこの偈のどこに過去のすべての仏陀が保ってきた価値があるのかということだと思う。中国でも白居易（白楽天）が道林禅師に参じて仏法の大意を問い、「諸悪莫作、衆善奉行」と聞いて「それなら三歳の子供でも言うことができる」と感想をもらし「三歳の子供でも言うことができるが、八十歳の老翁でも実践することはむつかしい」と言われたという話がある。これは「諸悪莫作」巻の最後でも取り上げられ、このやりとりが「諸悪莫作」巻の発想の元になっているのではないかと思われる。

道元は偈の最後に「是諸仏教」とあるように、これは七仏だけの教えではなくすべての仏陀の教えであり、「諸悪莫作」と聞こえるのが仏教で、そうでないのは魔の説だとしている。その上で、「諸悪莫作」を普通の人が考える悪を作るまいという意味に考えてはいけないとして、「諸悪莫作」は「菩提語」であり、悪がなされなくなるという、「諸悪さらにつくられざるなり」という意味にとっている。

これは第二章[1]で紹介した仏教の基本から考えてもその通りであり、私たちが悪をなすのは感覚がよいもの／悪いものとして捉えたものを実体視して貪り／瞋りの心を起こすからであって、悪をやめようとするのは、実体視から離れることができていない対治、病気でいう症状を抑える段階である。病気を根治するためには原因である実体視を断ち切る必要があり、やめるべき諸悪も実体としてどこにも見出すことができないことを理解できれば、実体視に基づく貪りや瞋りの心は生じず、悪は自ずとなされなくなる。道元の説明が奇異に聞こえるのは、私たちが実体視に捉われた存在であるからに他ならない。

道元はこのようにして「諸悪莫作」と聞いて「莫作にあらばつくらまし」と受け取るのは「あゆみを北にして越にいたらんとまたんがごとし」（北に向かって南の越の国に行こうとするということ。「ながえをきたにして越にむかはむとおもはんがごとし」など、道元が二乗――声聞乗・縁覚乗。インド・チベットの伝統でいう中士への教えに相当――の修と証を分ける二元的な仏教理解に対してよく使う言葉）であるとしている。

そうやって道元は、「諸悪」「莫作」「衆善」「奉行」といった言葉が私たちが考えているようなものではないことに気づかせていく。そうやって最後に白居易と道林禅師の問答が取り上げられるのだが、そこでは道林禅師の「三歳孩児縦道得、八十老翁行不得」も、言うだけなら三歳の子供でもできるが実践するのは容易ではない、といった二元論的な意味でなくなっていることは言うまでもない。

同様に、『正法眼蔵』「三十七品菩提分法」巻では、悟りの境地に至るための三十七菩提分法（四念住・四正断・四神足・五根・五力・七等覚支・八正道支）すべてを同様の立場から読み解いている。

仏教のむつかしさは、対象を実体として捉える二元論的な視点からの解放を目指す教えでありながら、その教え自体が二元論的な視点から（仏の側の意図から見れば）読み替えられてしまう点にある。『正法眼蔵』は難解だとよく言われるが、釈尊が仏陀となった時の梵天勧請のエピソード（本書77〜78頁）が示すように、釈尊の悟った内容は私たちには極めて理解しがたいものである。そこで釈尊は方便の教えを説き（「一音説法」の考えからすれば、人は人の耳で二元的な教えとして聞き取り）、人はそれを実践するが、そのような輪廻からの解脱を目指す中士の段階（声聞・縁覚の「二乗」）は迂回路であり（「あゆみを北にして越にいたらんとまたんがごとし」）、道元はそのような迂回路を経ることなく悟りの核心を摑むよう促す。『正法眼蔵』の言葉は親切な言葉なのである。

（1）ツルティム・ケサン、小谷信千代『仏教瑜伽行思想の研究』文栄堂を参照。
（2）ツルティム・ケサン、高田順仁『ツォンカパ　中観哲学の研究』Ⅰ文栄堂を参照。
（3）『ブッダのことば』岩波文庫の解説（中村元）を参照。
（4）吉村均「ナーガールジュナ（龍樹）と道元」『比較思想研究』34を参照。
（5）ナーガールジュナが福業を信じていた南インドの人々に、仏性を見るには完全に我慢を除く必要があり、仏性は大きくも小さくもなく、広くも狭くもなく、福もなく報いもなく、不死不生であると説き、それを聞いた人々は心を翻した。ナーガールジュナは坐上に自在身を現わし、満月輪のようだった。人々は教えのみを耳にし、師の姿を見ることがなく、その中に長者の子のカーナ（＝片目の）デーヴァ（アールヤデーヴァのこと。神に片目を捧げたといわれる）がいて、これは尊者が仏性の相を現わされたのだ、仏性の意味はからりと空虚で明らかである（廓然虚明）と言った。満月輪の相は隠れ、再びナーガールジュナは元の坐に居て、「身に円月相を現じ、以って諸仏の体《たい》を表す。説法その形なし、用弁は声色に非ず」と偈を説いた（『正法眼蔵』「仏性」岩波文庫1）。
　道元は、このエピソードについて、中国ではこれが何を意味するかがまったく理解されておらず、月輪の姿に変化したと考えて、法座の上に一輪を描いてナーガールジュナの身現円月相としていたとあきれている。道元は阿育王山広利禅寺（宋代五山のひとつ）を訪れて三十三祖の壁画を見て、最初に見た時は何も思わず、二度目に訪れた時に、そこの僧にそのおかしさを指摘したが、その僧も何もわかっていなかったと語っている。この二つ度の訪問の間に道元は如浄にめぐりあい、身心脱落を体験している（宮川敬之「月を描く」3『本』二〇〇八年六月）。如浄との出会いがナーガールジュナとアールヤデーヴァの間に何が起こったかを理解させたのである。このエピソードについては、吉村均「道元・親鸞が見たもの（上）面授と仏性」『大法輪』二〇一〇年十月号を参照。

（6）池田魯参『宝慶記　道元の入宋求法ノート』大東出版社を参照。

（7）道元は『正法眼蔵』「心不可得」巻で、『金剛般若経』の専門家を自任していた徳山に対し、餅売りの老婆が「過去心不可得、現在心不可得、未来心不可得」という『金剛般若経』の教えについて（「点心」が心に点ずると読めることを踏まえ）過去心も現在心も未来心も不可得なら「いづれの心をかもちひをしていかに点ぜんとかする」と問い、徳山は答えられなかったため売らなかったという逸話について、中国で老婆が高く評価されていることに、もし老婆に言葉を超えた境地がわかっていたら（直接表現はできないが）指し示すことができるはずで、徳山に自分に問うよう促すべきだったと疑問を投げかけている。そこから道元はこのように二人はすべきだったと、仮想問答を展開しているが、それはまさに『正法眼蔵』の各巻の論の進め方である。

「こゝろみに徳山にかはりていふべし、婆子《ばす》まさしく恁麼《いんも》問著《もんぢゃ》せんに、徳山すなはち婆子にむかひていふべし、「恁麼ならば則ち你《なんぢ》吾が与《ため》に餅を売ること莫れ」。…婆子もし徳山とはん、「現在心不可得、過去心不可得、未来心不可得。いまもちひをしていづれの心をか点ぜんとする」。かくのごとくとはんに、婆子すなはち徳山にむかつていふべし、「和尚はたゞもちひの心を点ずべからずとのみしりて、心のもちひを点ずることをしらず、心の心を点ずることをもしらず」。恁麼いはんに、徳山さだめて擬議すべし。当恁麼時、もちひ三枚を拈じて徳山に度与《つうよ》すべし。徳山とらんと擬せんとき、婆子いふべし、「過去心不可得、現在心不可得、未来心不可得」。もし又徳山展手擬取せずは、一餅を拈じて徳山をうちていふべし、「無魂の屍子、你茫然なること莫れ」。…」『正法眼蔵』「心不可得」岩波文庫1。

（8）旧版では和辻哲郎の論を道元自身の教えと対比して批判的に検討していたが、紙幅の都合で省略した。

（9）（4）に同じ。

3 親鸞を読み直す

1 親鸞とその教え

親鸞（一一七三〜一二六二）は幼い頃出家して比叡山に登り、そこではひたすら阿弥陀仏像の周囲を回って阿弥陀仏があらわれることを待つ常行三昧をおこなう堂僧だったと考えられている。来世の問題のため山を降りて、観音菩薩の化身として信仰されていた聖徳太子が建立したと伝えられる京都の六角堂に百日籠もり、九五日目に太子の姿の観音菩薩があらわれて往生を約束され、念仏往生を説いて広く人々から信仰されていた法然（一一三三〜一二一二）の許を訪ねた。法然からは主著の『選択本願念仏集』の書写を許されており、重要な門弟の一人と見なされていたことがわかる。法然に対する念仏弾圧に連座して僧籍を剥奪され（僧尼は世俗の法では直接裁くことができない）、法然は土佐（高知県。実際には讃岐＝香川県）、親鸞は越後（新潟県）に流された。妻帯し子を設け、赦免の後も直ちには京都には戻らず常陸国（茨城県）に移り住み、約二〇年間教えを説いて京都に戻ったが、門人の間で教えに対する誤解が生じ、実子の善鸞を遣わしたがかえって混乱が広まり、善鸞を義絶するに至った。この前後に関東の門人に書き送った多くの書簡が残されている。親鸞の伝記には謎が多く、近代になって実在人物ではないという説が生まれたほどだが、妻の恵心尼の直筆の手紙（恵心尼文書）が発見され、それを手がかりに様々な推測がなされている(1)。

往生に対する親鸞の考えは、経典やインド・中国・日本の高僧の教えを引用して自己の理解を裏付けた主著『教行信証』に示されている。親鸞以前の一般的な信仰は、菩提心を起こして阿弥陀仏やその世界である極楽の瞑想をおこない、功徳を積んで極楽往生のために廻向し、極楽に生まれたらそこで阿弥陀仏から教えを受けて瞑想をおこない、さらに次の生で仏陀となるというものだった。それに対して親鸞は、往生は阿弥陀仏の誓願（弥陀の本願。阿弥陀仏は法蔵という比丘だった時に世自在王仏のもとで仏陀になる誓願をたて、五劫（カルパ。時間の最長単位）の瞑想（五劫思惟）の後それを成し遂げたとされている）の働き（他力）によるもので、瞑想や功徳を積むことによる往生も阿弥陀仏の誓願（弥陀の本願）の中で説かれてはいるが、それは誓願による往生を信じることができない者のために設けられた方便の願だとした。阿弥陀仏はその名のひとつ無礙光仏が示すように、遮るもののない限りのない光であり（言い換えれば可視的な光ではない）、それに触れて死後直ちに往生して悟りを開き、苦しんでいる衆生を救うために輪廻の世界に戻ってくる（これも阿弥陀仏の誓願の働きによる。還相廻向）。経典に説かれている阿弥陀仏の姿や壮麗な極楽の有様は、誓願を信じきることができない衆生のために方便としてあらわれた化身とその世界（化土）であり、経典で説かれている誓願に疑いを持ちつつ往生を願った者が生まれる懈慢界（『菩薩胎処経』）・疑城胎宮（『無量寿経』）に相当するとした。(2)

一般には親鸞の教えは南無阿弥陀仏と唱えさえすれば誰もが浄土に往生できるという教えであると思われているが、正確には誰もが往生できるという阿弥陀仏の誓願を信じることができた時に、心から喜びがわき起こって阿弥陀仏の名を讃えようとし、その「念仏申さんとする思ひたつ心のおこる時」（『歎異抄』）に往生が決定するという説である。親鸞を開祖とする浄土真宗では、「南無阿弥陀仏」は、どうか救って下さいという祈りではなく、救いを感謝する「報謝の念仏」とされている。誰もが往生できるという阿弥陀仏の誓願を疑いなく信じるということは、自分は浄土に生まれないわけがないと確信できるということであるから、それはけっして容易なことではない（「一念も疑ふことの候はぬをこそ、往生一定とはおもひて候へ」（『血脈文集』）。したがって『歎異抄』の「念仏は、まことに浄土に生まるる種にてやはんべらん、また地獄に落つべき業にてやはんべるらん。総じてもつて存知せざるなり」は、信を獲得していない人への言葉で、親鸞自身が死んでみないとどうなるかわからないと考えていたわけではないととる）。現在の解釈は親鸞の易行難信の教えの難信の側面を意図的に読み落としている。民衆に救いを広めたというのは、ひたすら念仏を唱えつづけるだけで往生できると説いた師の法然の方に当てはまる言葉だろう。親鸞を開祖とする浄土真宗を大規模なものにしたのは室町時代の蓮如（一四一五〜一四九九）だが、彼は親鸞の教えを誰彼かまわず説くことを禁じ、仏教一般と親鸞独特の

教えの二段階で教えを捉えていた。(3)

2　親鸞のいう悪人とは？――『歎異抄』

親鸞の教えについて直接教えを受けた唯円が記した『歎異抄』は、今日もっとも読まれる仏教書のひとつとなっている。悪人こそが阿弥陀仏の救いの主な対象だとする悪人正機の教えは、学校教科書にも載っている。しかし現存の諸本は蓮如書写本をもととしているが、蓮如は奥書に「右この聖教は、当流大事の聖教となすなり。無宿善の機においては、左右なく、これを許すべからざるものなり」と記しており、誰もが読んでよい本ではなかった。『歎異抄』が多くの人に読まれるようになったのは、明治以降のことである。

「善人なほもつて往生をとぐ、いはんや悪人をや。しかるを世の人常にいはく、「悪人なほ往生す、いかにいはんや善人をや」。この条、一旦そのいはれあるに似たれども、本願他力の意趣にそむけり。」（『歎異抄』。親鸞関連著作の引用は『浄土真宗聖典　註釈版』本願寺出版社による）

この教えは様々に受けとめられ、大きな影響を与えてきた。そのこと自体の意義は別に考える必要があるが、仏教の観点からするならば、この悪人は自力作善の人との対比で用いられており、六波羅蜜の実践をおこない仏陀の境地に至ることができない人と考えなければならない。親鸞は常々「弥陀の五劫思惟の願をよくよく案ずれば、ひとへに親鸞一人がためなりけり」（『歎異抄』）と語っていたというのだから、親鸞にとって悪人とはまず第一に自分自身のことであるはずである。第二章1で述べたように、六波羅蜜は釈尊の前世の物語を元にしたものであり、普通の人が実践できるようなものではなかった（本書87頁）。だからといってそれを悪と呼ぶことには違和感があるかもしれないが、インドのシャーンティデーヴァ『入菩薩行論』も、一切衆生を苦しみから救うために仏陀になると誓う菩提心を起こして、その実践に挫折するならば、それは仏陀たちの面前で一切衆生に対しておこなった約束を違えることになり、無量の罪となるとしている（本書91〜92頁）。親鸞自身、和讃で「三恒河沙の諸仏の、出世のみもとにありしとき、大菩提心おこせども、自力かなはで流転せり」（『正像末和讃』）とうたっている。

このような仏教独特の感覚は、明治以降キリスト教がはいり、その影響下で親鸞の教えが注目され評価されてきた流れでは見失われてしまったが、幕末から明治にかけての浄土真宗の高僧で、多くの人を集め法然の再来とうたわれた七里恒順師は、法話で次のように自力を説明しており、インド・チベットの伝統に通じる感覚が明治以前の日本に存在していたことを示している。

「彼婆羅門の請によりて、舎利弗が眼を抜いて、遣りました時婆羅門が其眼を手に取り、お前の眼は立派なと思ふたば、手に取りて見れば血ぬるめである。此様な眼は不用であると、土足に掛けて踏みにぢりました。處が舎利弗は是を見て、一念瞋りを出したれば、恐ろしいかな六十小劫の修行が、からりと

破れました。布施の行なら眼も抜かねばならぬ。」（『七里和上言行録』大八木興文堂）

この舎利弗（釈尊の高弟）の前世物語は『大智度論』に記されている。——声聞の聖者である阿羅漢となった舎利弗は前世、一切衆生を救うことを目指す大乗の菩薩だった。しかしある時自分の眼を乞われ、釈尊が前世におこなったように自分の眼を抉り出して与えたが、それを受け取った者は貰ってみたら汚らしいとそれを捨てて足で踏みにじり、舎利弗は怒りの心を起こして、菩提心を失ってしまったというのである。

このような自力・他力の捉え方は、『歎異抄』の親鸞の語録でもはっきりと説かれている。

「一　慈悲に聖道・浄土のかはりめあり。聖道の慈悲といふは、ものをあはれみ、かなしみ、はぐくむなり。しかれども、おもふがごとくたすけとぐること、きはめてありがたし。浄土の慈悲といふは、念仏して、いそぎ仏に成りて、大慈大悲心をもつて、おもふがごとく衆生を利益するをいふべきなり。」

「一　親鸞は父母の孝養のためとて、一返にても念仏申したること、いまだ候はず。そのゆゑは、一切の有情はみなもつて世々生々の父母・兄弟なり。いづれもいづれも、この順次生に仏に成りてたすけ候ふべきなり。…ただ自力をすてて、いそぎ浄土のさとりをひらきなば、六道・四生のあひだ、いづれの業苦にしづめりとも、神通方便をもつて、まづ有縁を度すべきなりと云々。」（以上、『歎異抄』）

自力聖道門は、菩提心を起こし、六波羅蜜の実践をおこなって、一切衆生を苦しみから救うために仏陀となる道である。しかしそれは極めて実現困難な道であり、それをなし得ない者（悪人）のために阿弥陀仏が誓願をたてたのが他力浄土門で、誓願の働きによって死後ただちに往生し、悟りを開いて輪廻に苦しむ衆生を救う。それゆえ阿弥陀仏の誓願は悪人のための誓願なのである。

3　浄土信仰の問題点――親鸞の理解が生まれる背景

親鸞以前の一般的な浄土信仰は、『無量寿経』の中で説かれた次のような阿弥陀仏の誓願（弥陀の本願）に基づいている。

「たとひわれ仏を得たらんに、十方の衆生、菩提心を発し、もろもろの功徳を修して、至心発願してわが国に生ぜんと欲せん。寿終る時に臨んで、たとひ大衆と囲繞してその人の前に現ぜずは、正覚をとらじ。」（十九願）

「たとひわれ仏を得たらんに、十方の衆生、わが名号を聞きて、念をわが国に係け、もろもろの徳本を植ゑて、至心回向してわが国に生ぜんと欲せん。果遂せずは、正覚をとらじ。」（二〇願）

親鸞は十九願→二〇願→十八願という自身の回心体験を語っており（三願転入。『教行信証』）、それは信仰の深まりに基づくのだろうが、それにしても経典の阿弥陀仏の誓願に基づくものを、方便の教えだと言い切ることができたのはなぜだろう。それは浄土信仰には仏教の考えにうまく位置づかない点があるからではないだろうか。

親鸞の師の法然が念仏のみによる往生を唱えるきっかけになったのは、経蔵で中国の善導の教えを見つけたことだが、中国では極楽往生について、阿弥陀仏とその浄土は報身・報土か化身・化土か、極楽に往生することができるのは凡夫か聖者か、極楽に生まれたいと念じるだけで往生できる（十八願）というのは「別時意」か、という議論があった。これらは互いに関連しており、報身の仏陀は高次の菩薩でなければ拝することができず、報土にいるのは高次の菩薩のみである。そもその輪廻の苦しみから逃れるために修行をおこなうのが仏教なのだから、凡夫が望むままに簡単に極楽に行くことができるのであれば、何のための実践かということになる。そこで問題になるのが「たとひわれ仏を得たらんに、十方の衆生、至心信楽して、わが国に生ぜんと欲ひて、乃至十念せん。もし生せずは、正覚を取らじ。ただ五逆と誹謗正法とをば除く」という十八願の存在である。別時意とは未了義の教えの解釈法のひとつで、文意をそのまま受け取るのではなく、極楽に生まれたいと願ってすぐそれが実現するわけではないが、はるか遠い将来聖者の境地に至った時にそれが実現する、と解釈するのである。善導は『観経疏』で、『観無量寿経』『阿弥陀経』などの記述に基づいて、極楽往生は一切衆生に対して説かれたものであり、また極楽は阿弥陀仏の誓願に基づいて実現したのだから、修行の結果として得られる報身・報土であるとして、別時意説もしりぞけている。

「経論の相違を和会するに、広く問答を施して疑情を釈去すとは、この門のなかにつきてすなはち六あり。一には先づもろもろの法師につきて九品の義を解す。二にはすなはち道理をもつて来たしてこれを破す。三にはかさねて九品を挙げて返対してこれを破す。四には文を出し来て、さだめて凡夫のために して聖人のためにせずといふことを証す。五には別時の意を会通す。六には二乗種不生の義を会通す。…第六に二乗種不生の義を会通すとは、問ひていはく、弥陀の浄国ははたこれ報なりやこれ化なりや。答へていはく、これ報にして化にあらず。」（善導『観経疏』『浄土真宗聖典　七祖篇』所収）

実はまったく同じ議論がインドから別々に教えが伝わったチベットでも起こっている。大谷大学の教授を勤めたツルティム・ケサン氏は『浄土仏教の思想』3の解説[4]で、別時意と解釈するゲルク派のケーウツァン・トゥルクの説を紹介し、「チベットの浄土思想に、浄土経典の思想のみならず唯識思想までも含む、インドの大乗仏教に共通する基本的な思想を、きわめて忠実に継承しようとする特徴が顕著であると看取することができる」、「「極楽に往生するための請願を唱えれば、直ちに極楽に往生するであろう」と説く経典が、いまだその意図が明瞭には説き尽くされていない未了義の経典であるとする解釈は、チベットの浄土思想の内面的な特徴であるといえよう」、「現世においてであれ、来世においてであれ、直ちに極楽に往生すること（即得往生）は、単に〝極楽に生れることができますように〟と仏に向かって請願を唱えたり仏の名を称するだけでは実現されない」としている。ただしこれはチベットのある解釈を正統とする立場からの紹介で、チベットには異なる考えも存在する。超宗派運動のミパム・リンポチェは、極楽往生においては疑いを抱かないことが重要とされているのであり（このことはゲルク派の開祖であるツォンカパも強調している）、阿弥陀仏の名を聞くだけでは往生できないというのは「悪い論理学者」の説であるとしている。(5)

「…〔娑婆の国土に住んでいる者たちが〕、その〔極楽の〕国土にいる菩薩たちと同等の幸運を自分自身の力によって成就しようと〔思うならば〕、前世に無数の劫の間修行をしなければいけないけれども、しかし、この〔娑婆の国土で極楽の国土とアミターバ（無量光仏）とに〕信と願望とを持っている幸運な者たちは、アミターバ（無量光仏）善逝が前世に作られた不可思議な誓願と知恵との力によって、急いで〔極楽の国土に〕生まれることができるのである。」

「悪い論理学者たちは、経典の中に説かれている善逝の言葉の一部である、極楽〔の国土〕の広大な特性を容認したにもかかわらず、善逝の名を聞くことなどの、その広大な特性を原因としては、〔極楽の〕国土に生まれることができないと〔主張する〕。このように、経典の一部を容認しない者たちは、経典〔の中に説かれている〕秘密の知識をよく考察する知恵が不足しており、幼稚な理解力によって善逝の言葉の教えを誤解して、世間の人々に自然に強い疑いを起こさせているのである。」

「…〔以上の〕ように理解してから、このような〔極楽の国土に生まれるための〕方法は、如来の不可思議な知恵の力によっている、と疑うことのない心によって、ただひたすら喜び、願望を起こさなくてはいけない。その反対に、信と願望のみによっては生まれることができないと信じている者や、善逝の誓願と知恵とは、そのような力を持っていない、と〔の見解を〕持っている者たちは、完全なる経典に疑いを起こしているのである。それ故に、〔このような人々は〕大変な過ちを起こしているのである。」

たしかに浄土信仰には理屈に合わない点がいくつも存在する。因果の考えからすれば、極楽に生まれるためにはそれに見合うだけの功徳を積む必要があるが、それは凡夫にはきわめて困難なことだろう。阿弥陀仏や極楽を念じたり、功徳を積んで極楽往生のために廻向するというが、そもそも廻向は空の立場にたってはじめて可能なもので、三輪清浄（廻向という行為も廻向の対象も廻向するものも実体がないと考える）である必要があり、これは凡夫には不可能である。そもそも菩提心を起こして極楽往生を願うというが、一切衆生の苦しみを取り除くために真に菩提心を起こした者は、衆生を救うためなら喜んで地獄にも赴くのであり（シャーンティデーヴァ『入菩薩行論』八章）、そのような者に極楽の安楽は必要ないだろう。

これはより大きな枠組みで言えば、そもそも大乗の実践は釈尊の前世の物語をモデルとしたもので、凡夫には実践困難だということからきており（本書87頁）、極楽信仰は大乗、すなわちインド・チベットの伝統でいうところの上士の段階（本書80～81頁）とされながら、実際には極楽に生まれることを目指すという、輪廻の外を目指す中士的な要素を含んでいる。これらの諸問題に答えを与えたのが、親鸞の往生理解なのである。すなわち、極楽に生まれたいと願った者がそれを果たすことができるのは、阿弥陀仏の誓願の働き（他力）による。阿弥陀仏はそのような誓願をたてて仏陀になった、すなわちその誓いは完成された菩提心であり、阿弥陀仏はその菩提心を衆生に廻向している(6)。観想や功徳の廻向による往生は、そのような誓願を疑いなく信じることができない衆生のために設けられた方便の願であり、実際にはそれらの者の往生も阿弥陀仏の誓願によって果たされる。『観無量寿経』や『阿弥陀経』に説かれている、楼閣があり蓮池があって美しい鳥が囀っている極楽世界は、そのような疑いを抱きつつ往生を願った者が生まれる化土であり、真の報身・報土は、無礙光仏などの阿弥陀仏の別称が示すとおり、有限な可視的な光とは異なる果てしない光である。

4　妙好人――阿弥陀仏の救いを実感し得た人

このように、親鸞の教えはきわめて高度なもので、それを正しく理解できる人は多くなかったと思われる。本節の冒頭で触れたように、浄土真宗の教団を大きなものにした蓮如もそのことはよく自覚しており、仏教一般と親鸞固有の教えの二段階で教えを捉えており、他人に教えを説くのはまず自分の往生について確信が得られた後にすべきことであるとした上で、後者はそれを理解できる素質のある（宿善＝前世にそれだけの功徳を積んできた）者に対してのみ説くべきものであるとして、誰彼かまわず説くことを禁じていた。

「一つには、自身の往生すべき安心をまづ治定すべし。二つには、ひとを勧化せんに宿善・無宿善のふたつを分別して勧化いたすべし。…弥陀に帰命すといふも、信心獲得すといふも、宿善にあらずといふことなし。しかれば念仏往生の根機は、宿因のもよほしにあらずは、われら今度の報土往生は不可と見えたり。そのこころを聖人の御言葉に「遇獲信心遠慶宿縁」（文類聚鈔）と仰せられたり。これによりて当流のこころは、人を勧化せんとおもふとも、宿善・無宿善のふたつを分別せずばいたづらごとなるべし。このゆゑに、宿善の有無の根機をあひはかりて人をば勧化すべし。しかれば近代当流の仏法者の風情は、是非の分別なく当流の義を荒涼に讃嘆せしむるあひだ、真宗の正意、このいはれによりてあひすたれたりときこえたり。」（蓮如『御文章（御文）』文明九年丁酉正月八日、『浄土真宗聖典　註釈版』所収）

蓮如が『歎異抄』の奥書に「無宿善の機においては、左右なく、これを許すべからざるものなり」と記したのも、このことによる。蓮如は居並ぶ熱心な門徒を前にして「このうちに信をえたるものいくたりあるべきぞ、一人か二人あるべきか」と言い、門徒たちを驚かせたと伝えられている（『蓮如上人御一代記聞書』）。

これは仏教の核心部が理解困難なもので、対機説法、相手に合わせて教えが説かれる性格のものであること（本書77～78頁）と関係している。親鸞自身が三願転入、功徳を積んだり自力の行をおこなって往生を目指す段階を経て、他力の信に帰着したと語っているし、そもそも十八願が理解困難なものだからこそ、阿弥陀仏は方便の願を設けたのだろう。

しかし、数は少ないものの、阿弥陀仏の救いを実感し得た人がいた。彼らの多くは貧しい農民だったり文字が読めなかったりしたが、妙好人と讃えられ、人々はどのようにして信を獲得することができたのか、彼らを訪ねて聞き歩いた。(7) 近代的な解釈では、妙好人はひたすら教えを信じ教団や政治権力に従順だった存在として説明されているが、彼らの伝記を読むと、明らかに仏教の智慧を獲得した人である。公平で適切な判断をおこなうため家族や村の中のもめごとの仲裁を依頼されたり、自他の区別がなく自分の物を盗もうとする人にまで心配りをしたり、中には教えを説く学僧に信が欠けていることを厳しく指摘し、文字が読めないにもかかわらず教えの難解な箇所を解説した者もいたという。

これは因幡の源左の話。

「彼は仲裁の名人であったという。村に何かいさかいがあって治まらぬと、結局は彼の所に持ち込んで来た。夫婦の喧嘩、姑と嫁とのごたごた、地所争いや水争い、皆彼の手にかかると不思議にも丸く納められて了った。彼の徳望がそうさせるのか。彼のもの柔かな言い方や、彼の叡智や信心や、それ等のものに歯向い得るものはなかった。誰にも後味のよい筋の通った和解を結ばせて了うのであった。源左同行の名は村から村へと高まって行った。」（柳宗悦「源左の一生」『妙好人因幡の源左』百華苑）

「或男が源左の山に作ってあるかごを、しこたま盗んで束にして背負うとしたが、重くて立ち上ることが出来ぬ。偶々通り合せた源左は、後に廻り、力を貸して無雑作に担がせてやった。立った拍子に振り向いて見ると、畑の主源左であった。盗人は荷を打ち捨てて、遁げて行った。」

「蔵内村の宇三郎、或時城谷の源左の畑で盗草をしておった。そこへ折悪しく源左が下りて来た。こりゃ悪いところを見られたわいと思っていると、源左「ここもええけど、そっちのええとこを刈んなはれなあ。」」

「源左、「親さんが助けると云はれっだけに、助けてもらうことを、ま受け貰ったことが信心だけのう。」」

「源左、「これから源左が仕上げてゆく法ならこの源左は助からんけど、仕上げの法を聞かせて頂くのだけ、洩れがないだいのう。」」

「源左、「おらより悪い者は無いと知らして貰らやええだけなあ。助ける助けんは、おらの仕事じゃないだけ。」」

「源左、「皆なを一緒に助けてやるとおっしゃっても有難いだに、一人ごってに親さんが、この心に合して立てておくれてあるで、有難いだいなあ。」」

「源左、「おらは字を知らんのが何んぼよかったか分からんがやあ。根が悪人だで、子供がお阿母の懐に抱かれてあやまちのないやあに、お親さんにお縋りして今日まで過ごさして貰っただいなあ。生じりに字が読めたりなんかやしたら、とうの昔に間違いを起しとったか分からんがやあ。」」

「青谷町で賢い人があって盛に法談をしていたが、その人のことを源左が聞いて、「ありゃ利口だけえ、聞こえんだいのう。」」

「源左、「御法話に来いって招待があって、ついて行くだが、人様から色々のお尋ねが出ると、するすると答えさして貰うだがやあ、何にも知らんおらが云えるなあ、全く親様の御恩だで、有難いむんだいのう。…」」

「源左、「おらあ、話しいしてもお親さんの入智慧だけのう。源左は何も知らんだけっど、知らんまんまでたすけてもらうだけのう。」」（以上、『妙好人因幡の源左』）

済道。

「香月院師本山の御使僧にて伊勢へ御差向になり、第一着が桑名別院であった。…此国には済道と云う同行があって、多くの友同行を引立てて居ると云うことを兼て聞いて居るが、一度あいたいものだとフト気付なされ、…「お前のことかえ、永々逢いたいと思うて居たがよい処で遇うた。併しお前も信が得られたかや」。「ハイ得られました」。「それなら其信の得心を此処へ出して見せてくれよ」。「ハイ見せて上げます」と、門の外に農家が多くの草を刈って干してある、其草をチョイと指して、「信の得心は彼の刈草のようなもので御座ります」と答えた。香月院師は其心が分り兼ね、扨《さて》は刈草なんて妙なことを云うなーと思案せられた。其師の突当りた姿を見て、「貴僧《あなた》は得られ心は分るまい。今日の化導なぞは私の胸には少しも徹しませぬもの」…遂に香月院師より「私はあやまった、分らぬことは聞けばよいのに、何程考えても分らぬ、そんな符丁のようなことを云わずと、其心をきかせてくれ。」済道云く「それなら話しましょう。貴僧は他力廻向の信を、無有出離之縁と〆《しめ》うたれてある機の上の出物に立てて見えるが、それが根本からの間違いじゃ。此機はモウ根の切れた刈草同様、万劫が間法水の中へつけて置いても、兎《と》ても菩提の芽のふくような代物じゃない、それに貴僧の尋ねは、聴聞の功によって、此機をいかした信の得心をお尋ねなさる所存であることは、前以て分りきってあることゆえ、そんなたわけたことがあるものか、そんなものは信の得られ心でもなんでもない、我機をたのみて弥陀を捨てて居る、疑心自力の親玉だと思い、己れ忘れて刈草のやうなものじゃと云うたのじゃ。安心は学問で知れるものではない、何程学問したかとて、我身の出離を忘れて暮し、我身が信を得ずして、信の得ごころが分るものではない」と、臆面なしに云い放った。香月院師は此済道の意見を聞いて大に喜び「今日まで心得違いをして居った、ようこそ知らせてくれた。此度此国に一ヶ月間巡回せにゃならぬことになってあるから、其間は私に離れず付添うて意見をしてくれよ」と、済道にたのまれたとある。」（『信者めぐり』大八木興文堂）

讃岐の庄松。

「京都一条の浄教寺脇谷覚行師の仰せに「私も庄松に意見をせられ、此の親心と云うことを気付かせて貰うたのである、或時本山より讃岐の塩谷別院へ差向けられたことがある。其時午後の法席がすんで間もなく風呂の案内を受け、直ぐ這入って見れば、手拭がないに依って「持って来いよ」と呼んだ。ところが間のぬけたような男が来た。幸いと思い、「背をすこし流してくれ」と頼んだら、物も云はずゴシゴシこすりながら「味好《うま》いものばかり喰ろうて籠にのって歩き、此奴ニックイ奴じゃ、よう肥えとりくさる。鬼が食うたら甘《うま》かろうなー」と、小言を云いながら流していた。…「先程背を流しながら云うて居たことは、一寸分り兼たで何と云うことじゃ、ハッキリ云うて見よ」と聞いた。「貴僧《あなた》は法を瘠かして我身を太らせて居るから云うたのじゃ。今日の説教なぞは一言も此私には徹しなんだ。」と云うてくれた。此一言が胸へ五寸釘をうたれたような心地がした。後より其男の名を聞いたら庄松であった。それより我身の出離と云うことに気付き、この心話と云うことが知られたのである、故に庄松の上京の節は、寺へ連れて帰り相談をしたことじゃ。どうも庄松は常並の御方ではなかった。御聖教の御心の分らぬことを聞くと、モー一辺きかせと云うたが、二辺きかせたら、分ったと直ぐ話してくれた。此世の事に就ては、此上なしの馬鹿であったが、仏法となったら兎ても及ぶべきものでなかった。」」（『信者めぐり』）

このような者は現代においてもあらわれている（癌が全身に転移し阿弥陀仏のおかげで癌をいただい

たと喜びの中で亡くなった鈴木章子など(8)。

もし彼らの信仰が盲信であるならば、それは動機は正しいとしても無知（無明）に基づくものであり、揉め事の仲裁をおこなったり、まして自分が読んだこともない教えの意味を解説することなど不可能だろう。

彼らとても、そのような信に容易に辿りつくことができたわけではない。たとえば因幡の源左は、働き者の青年だったが、父を亡くし、自分の代わりに「親様（阿弥陀仏）」にすがるよう言われ、そうは言われても阿弥陀仏がどのような存在だか、会ったことがあるでもなく、悩んで仕事も手につかなくなり、近所の寺に教えをたびたび聞きに出かけ、鉄道のない時代に因幡（島根県）から本山である京都の本願寺にまで何度も出かけたが、信を得ることができなかった。それがある時、草刈をしてその草を牛に負わせ、全部負わせるのは可哀想だと一把は自分が背負ったが、体調がわるくつらくてたまらなくなり、その一把を牛に負わせた途端、楽になり、他力とはこれだ、と気づいたという。

「おらあ、十八の時、親爺に別れてのう。死なんす時「おらが死んで淋しけりゃ親をさがして親にすがれ」っていわんしてのう。親がなあなってみりゃ世間は狭いし、淋しいやら悲しいやらで、おらの心はようにとぼけてしまってやあ。それから親の遺言を思い出して、どっかでも親をさがさにゃならんと思って親さがしにかかってのう。「親をさがせ」ちったって、何処におられるむんだらあか、「親にすがれ」ちったって、どがな風にすがるむんだらあかわかりゃせず、おらも何んぼこそ親さんに背を向けたり、捨ててしまったりしたこったかわからんだいのう。御本山にもさいさい上らしてもらってのう、しかられたりどまかされたりしたいのう。むつかしいむつかしいって、わがむつかしゅうすっだけのう。城谷《じょうだん》に朝草刈りに行ってのう。デンや、今朝はわれにみんな負せりゃわれもえらからあけ、おらも一把ないと負うたらあかいやちって、一把負うてもどりかけたら腹がにがってえらあて、デン奴に負わしたらすとんと楽になって、らくでらくでこりゃわがはからいではいけんわい、お慈悲もこの通りだちゅうことだらあやあと思ってよろこばしてもらったいのう。」（源左の友人山名直次の娘棚田このの聞いた話、『妙好人　因幡の源左』）

阿弥陀仏の光明に接した人の心におきる変化については、親鸞が『教行信証』に引用する経典でも説かれている。

「それ衆生ありて、この光に遇ふものは、三垢消滅し、身意柔軟なり。歓喜踊躍し善心生ず。」（『無量寿経』、『教行信証』真仏土巻所引）

「諸有の人民・蜎飛蠕動の類、阿弥陀仏の光明を見ざることなきなり。見たてまつるもの慈心歓喜せざるものなけん。世間の諸有の婬泆・瞋怒・愚痴のもの、阿弥陀仏の光明を見たてまつりて、善をなさざるはなきなり。」（『大阿弥陀経』（無量寿経の異訳・支謙訳）、『教行信証』真仏土巻所引）

親鸞も関東の門人に書き送った書簡でこの変容について語っており、阿弥陀仏の救いがあるからどのような悪をなしてもかまわないのだと主張する者たちについて、「どんな悪人をも救う」というのは「自分のような者は到底救ってはもらえないだろう」と考える者への教えであり、信を獲得したならば、輪廻を離れたいという思いが心から生じ、それ以前のような振舞いではなくなるはずで、そのような主張をする者は、実は自分が悪だとも思わず阿弥陀仏の誓願に対する信もないため、口では念仏を称えていたとしても、往生することは困難だろうと述べている。

「はじめて仏の誓ひを聞き始むる人々の、わが身の悪く、心の悪きを思ひ知りて、この身のやうにてはなんぞ往生せんずるといふ人にこそ、煩悩具足したる身なれば、わが心の善悪をば沙汰せず、迎へ給ふぞとは申し候へ。かく聞きて後、仏を信ぜんと思ふ心深くなりぬるには、まことにこの身をも厭ひ、流転せんことも悲しみて、深く誓ひをも信じ、阿弥陀仏をも好み申しなんどする人は、もとこそ、心のままにて悪しきことをも思ひ、悪しきことをも振舞ひなんどせしかども、いまはさやうの心を捨てんと思し召し合はせ給はばこそ、世を厭ふしるしにても候らはめ。また往生の信心は、釈迦・弥陀の御勧めによりて起こるとこそ見えて候へば、さりとも真の心起こらせ給ひなんには、いかが昔の御心のままにては候ふべき。」

「めでたき仏の御誓ひのあればとて、わざとすまじきことどもをもし、思ふまじきことどもをも思ひなんどせんは、よくよくこの世の厭はしからず、身の悪きことを思ひ知らぬにて候へば、念仏に志もなく、仏の御誓ひにも志のおはしまさぬにて候へば、念仏せさせ給ふとも、その御志にては順次の往生も難くや候ふべからん。」（以上、『末灯鈔』）

5　智慧の光――正信念仏偈

他力の信の獲得にこのような力があるのは、阿弥陀仏の別名が無量光仏、無礙光仏、智慧光仏などであることが示すように、その無条件の救いが概念的把握を超えたものだからだろう。であるからこそ、そうであればいいな、そうあってほしいという願望ならともかく、自分が間違いなく救われるという確信を得ることはきわめて困難なのであり、逆にいえば、そのような無条件の救いは、ちょうど概念を超えた境地を気づかせようとする禅の公案や『正法眼蔵』の道元の教えのような働きを果たしているのだと思われる。親鸞は『教行信証』行巻末の正信念仏偈で、阿弥陀仏を次のように讃えている。

「あまねく、無量・無辺光、無礙・無対・光炎王、清浄・歓喜・智慧光、不断・難思・無称光、超日月光を放ちて塵刹を照らす。一切の群生、光照を蒙る。本願の名号は正定の業なり。至心信楽の願（第十八願）を因とす。等覚を成り大涅槃を証することは、必至滅度の願（第十一願）成就なり。如来、世に興出したまふゆゑは、ただ弥陀の本願海を説かんとなり。五濁悪時の群生海、如来如実の言《みこと》を信ずべし。よく一念喜愛の心を発すれば、煩悩を断ぜずして涅槃を得るなり。凡聖・逆謗斉《ひと》しく回入すれば、衆水海に入りて一味なるがごとし。摂取の心光、つねに照護したまふ。すでによく無明の闇を破すといへども、貪愛・瞋憎の雲霧、つねに真実信心の天に覆へり。たとへば日光の雲霧に覆はるれども、雲霧の下あきらかにして闇なきがごとし。信を獲て見て敬ひ大きに慶喜すれば、すはなち横に五悪趣を超截す。

一切善悪の凡夫人、如来の弘誓願を聞信すれば、仏、広大勝解のひととのたまへり。この人を分陀利華と名づく。弥陀仏の本願念仏は、邪見憍慢の悪衆生、信楽受持することはなはだもって難し。難のなかの難これに過ぎたるはなし。」(「正信念仏偈」)

明治以降の社会の近代化、西洋化の中で、親鸞の教えはキリスト教的な救済を祈る信仰として評価され、解釈されてきた。しかし親鸞自身の論や他力の信を獲得した妙好人の言行を見るかぎり、親鸞の教えもやはり悟りの宗教で、そこに至る道筋が自力であるか他力であるかの違いなのだと思われる。臨済宗円覚寺の管長を勤めた故・朝比奈宗源師も、浄土真宗の村田静照師（127～128頁で触れた七里恒順師に教えを受けた。鈴木大拙『日本的霊性』でも言及されている）と親交を結び、禅の見性と浄土真宗の他力の信の獲得が変わらないものであると語っている(9)。

法然門下で一念義・多念義の議論があった。往生は一回の念仏で実現するのか、何回も必要なのかという論争である。これについて、親鸞は『無量寿経』に「諸有の衆生、その名号を聞きて信心歓喜し、乃至一念せん」とあるのは、他力の信を獲得して阿弥陀仏を讃えようとする心が起こることであり、観想や称名念仏の回数のことではないと説いている。

「『経』に「乃至」といふは、上下を兼ねて中を略するの言なり。「一念」といふは、すなはちこれ専念なり。専念はすなはちこれ一声なり。一声はすなはちこれ称名なり。称名はすなはちこれ憶念なり。憶念はすなはちこれ正念なり。正念はすなはちこれ正業なり。また「乃至一念」といふは、これさらに観想・功徳・遍数等の一念をいふにはあらず。往生の心行を獲得する時節の延促について乃至一念といふなり、知るべし。」（『浄土文類聚鈔』）

親鸞が「決定の信なきゆゑに、念相続せざるなり。念相続せざるゆゑ、決定の信をえざるなり」（『高僧和讃』曇鸞）とうたっているように、凡夫が自力で起こした菩提心であれば、一旦起こしたとしても失われることもあるだろう。それが「悪人」ということである。しかし阿弥陀仏の誓願は五劫思惟によって仏陀になることによって完成された菩提心である。それに気づけば、正信念仏偈で「日光の雲霧に覆はるれども、雲霧の下あきらかにして闇なきがごとし」とうたわれているように、煩悩が生じて曇ったとしても、太陽が失われるということはない。正信念仏偈の後半は、浄土信仰を説いたインド・中国・日本の高僧たち（七祖）を讃えているが、その中で日本の源信（九四二〜一〇一七）の教えについて次のように紹介している。

「極重の悪人はただ仏を称すべし。われまたかの摂取のなかにあれども、煩悩、眼を障へて見たてまつらずといへども、大悲、倦《ものう》きことなくしてつねにわれを照らしたまふといへり。」（「正信念仏偈」）

凡夫の肉眼で見ることはできないが、阿弥陀仏の智慧の眼は常に自分を見守り、照らしている。それに気づくことができれば、阿弥陀仏への感謝の思いが自然に沸き起こってくるだろう。その阿弥陀仏を称える言葉が他力の念仏、真の「南無阿弥陀仏」である。

七祖の筆頭として挙げられているのは、インドのナーガールジュナ（龍樹）である。

「釈迦如来、楞伽山にして、衆のために告命《ごうみょう》したまはく、南天竺に龍樹大士世に出でて、ことごとくよく有無の見を摧破せん。大乗無上の法を宣説し、歓喜地を証して安楽に生ぜんと。難行の陸路、苦しきことを顕示して、易行の水道、楽しきことを信楽せしむ。弥陀仏の本願を憶念すれば、自然に即の時必定に入る。ただよくつねに如来の号を称して、大悲弘誓の恩を報ずべしといへり。」（「正信念仏偈」）

楞伽山云々は『楞伽経』で釈尊がナーガールジュナの出現を予言していることを指しているが、ここでもナーガールジュナは「有無の見を摧破」した存在、インド・チベットの伝統でいう有／無の両極端を離れた上士の段階（本書80～81頁）を説いた存在とされている。漢訳のみ存し龍樹の著とされている『十住毘婆沙論』では、空性を直接体験する境地（菩薩の十地の初地である歓喜地）に至る道として、六波羅蜜の実践による難行道と、『般舟三昧経』に説かれているような見仏による易行道が説かれている。仏陀の真の姿（報身）は凡夫の眼では見ることができない。見仏とは仏のビジョンを見る神秘体験のことではなく、自分を照らしつづけている智慧の光をはっきり感じることなのである。

（1）佐藤正英『親鸞入門』ちくま新書を参照。

（2）『教行信証』の内容の浄土信仰全体における位置づけについては、吉村均「後ろから読む『教行信証』」明治学院大学『カルチュール』9巻1を参照。
（3）蓮如は仏教一般をよく学んだうえではじめて『教行信証』を読むことを許可したという。亀井鑛「埋もれた蓮如教学」『大法輪』一九九五年三月号を参照。
（4）ツルティム・ケサン、小谷信千代「チベット仏教における浄土信仰」『浄土仏教の思想』3講談社所収。
（5）ミパム『聖者・太陽の教典』梶濱亮俊『チベットの浄土思想の研究』永田文昌堂所収。チベットの浄土信仰については吉村均「チベットの浄土教」『浄土教の事典』東京堂出版で概観した。
（6）吉村均「自力の菩提心・他力の菩提心」『比較思想研究』33号を参照。
（7）三田源七『信者めぐり』大八木興文堂を参照。
（8）鈴木章子『癌告知のあとで』探究社。吉村均「老いの苦と仏教」『倫理学年報』57集も参照。
（9）朝比奈宗源『覚悟はよいか』ＰＨＰ研究所を参照。

❖日本仏教の特色

1——頓悟と漸悟

明治以降の社会の西洋化、近代化の中、坐禅や念仏をひたすら実践すること（専修）を説く道元や親鸞の教えは、呪術的な要素を排除した、一神教であるキリスト教に近いものとして評価され、キリスト教の宗教改革運動に重ね合わされ、僧や貴族のものだった仏教を民衆に広めたとされてきた。しかしこれまで見てきたように、仏教の特色が対機説法にあること（本書第二章①）を考えるならば、道元や親鸞の教え方の方がむしろ特殊なものということになる。道元や親鸞の仏教理解はきわめて高度なものと筆者は考えるが（本書第二章②、③）、誰もが高度な教えをただちに理解できるのなら、釈尊が悟りをひらいた時に教えを躊躇したり（梵天勧請）、相手に合わせた教えの説き方（対機説法）をする必要はないのであり、道元や親鸞の教えを理解できた人はきわめて僅かだったと思われる。仏教では、チベットのラムリム（菩提道次第）のように段階的に学んでいくのを漸悟、道元や親鸞のように一気に核心に到達するのを目指すのを頓悟と呼ぶ。

たとえば、道元は『正法眼蔵』「生死」巻で「もし人、生死のほかに仏を求むれば、ながえを北にして越に向かひ、おもてを南にして北斗を見んとするがごとし。いよいよ生死の因を集めて、さらに解脱の道を失へり。ただ生死すなはち涅槃とこゝろえて、生死として厭ふべきもなく、涅槃として願ふべきもなし。この時はじめて生死をはなるゝ分あり」と説くが、これは一般論ではなく、南岳磨磚（本書103～104頁）と同様の、輪廻（生死）からの解脱（涅槃）を目指す者に向けて説いた、一気に上士の境地に到達することを促す教えとして理解しなければならない。

親鸞の教えも同様で、浄土信仰は大乗の教えとされてはいるが、大乗（インド・チベットの伝統でいう上士への教え）は実体視に捉われている凡夫には実践困難なもので、修行や功徳を積むことによって往生を目指す一般的な浄土信仰（親鸞のいう他力の中の自力）は、実は輪廻の外を目指す中士の段階の要素を含んでいる。有／無を離れた上士の段階に直接的に到達することを目指すのが、親鸞の説く他力念仏である。親鸞は中国の善導『観経疏』に「横に四流を超断せよ」（横超断四流）とあることについて、「四流」（因としての煩悩を洪水に喩えた四暴流・果としての生老病死の四苦）を断つ方法として竪（自力）・横（他力）、超（頓悟）・出（漸悟）があるとして、仏教の様々な教えを整理している（『教行信証』信巻。『愚禿鈔』や『末灯鈔』所収「有念無念の事」書簡でも説かれている）。――「竪出」（自力の漸悟）とされているのは、小乗の教え（説一切有部＝倶舎宗・経量部＝成実宗）や大乗の唯識（法相宗）の教えである。「竪超」（自力の頓悟）とされているのは、大乗の中観（三論宗）の教えや、中国で生まれた経宗（論書ではなく経典に基づく宗派）である華厳宗や法華宗（＝天台宗）、密教（真言宗）、禅宗（仏心宗）である。「横出」（他力の漸悟）とされているのは、瞑想（定）や功徳を積むこと（散）により往生を目指す教えで、親鸞は『観無量寿経』『阿弥陀経』に説かれているのはこの教えとし、化土に生まれるとする。「横超」（他力の頓悟）とされているのは、親鸞が説く他力の念仏で、『無量寿経』に説かれている教えで、報土に往生するとしている。

このように親鸞自身、自力と他力の違いはあれ、自分が説くのを禅や密教、華厳、法華などと同じ頓悟の教えとしている（『華厳経』は、釈尊が最初に教えを説く前のブッダガヤの悟りの場面における教え、『法華経』は釈尊がそれまで説いてきたのは方便の教えであって真実とは異なるとして説いた教えとされている。密教は「即身成仏」を説く）。道元は「頓にあらず、漸にあらず。常にあらず、無常にあらず。来にあらず、去にあらず。住にあらず、作にあらず。広にあらず、狭にあらず。大にあらず、小にあらず、無作にあらず」（『正法眼蔵』「出家功徳」）と言っているが、これは禅では自分の本性を知ればいいだけで修行などはいらないという誤った主張を批判するためで、有／無を超えた境地に迂回路を経ずに到達することを目指す教えであることは変わらない。

時代や宗派を超えてそれが一般的な傾向だったかはともかくとして、特徴的な教えということでいえば、この頓悟志向は日本仏教の特色のひとつと言えるだろう。

2　戒律と日本

もうひとつの特色として、僧の戒律が機能しなかったことが挙げられる。僧や尼の戒律（比丘戒・比丘尼戒）は罰則規定を含み、そのもっとも重いものは教団からの追放（波羅夷）だが、そのもっとも重い戒律のひとつが性行為の禁止である。今日、日本の僧の多くは世襲で、寺は僧侶の家族の住居と思われているが、僧の妻や子というのは、定義上は存在しないはずのものである（チベット仏教の一部の宗派でも僧が妻帯しているという間違った紹介があるが、妻帯している高僧は戒律的には密教行者であって比丘ではない）。直接の理由としては、明治維新の際に僧の特権がすべて剥奪され、代わりに「肉食妻帯勝手たるべし」とされたことや、浄土真宗では開祖の親鸞が流罪にされた時に（僧は世俗の法で裁くことができないため）僧籍を剥奪され、以後「非僧非俗」として、無戒であることを標榜してきたことがあるが、これらは単に日本の僧は堕落しているといったことではなく（仏教の戒律は自分が守ると誓いをたててはじめて効力を発揮する、本人の自主意志を前提としたもので、他人が誰々は戒律を破っていると批判するのはいけないこととされている）、日本では仏教集団が社会から自立した集団となりえなかったことを意味している。

そもそもインドで比丘や比丘尼の戒律が必要とされたのは、インドにカースト制度が存在することと密接に関係している。カースト制度では、戦士や司祭者、奴隷などの職業、身分が生まれつき定まっているが、釈尊は司祭者（バラモン）階級の生まれの者だけが宗教者であることを否定し、自己の集団に出身カーストの身分秩序を持ち込むことを禁止した。そのための自立的な集団（僧伽。サンガ）の規律が比丘や比丘尼の戒である。といって、もし仏教の教団が犯罪行為をおこなっても社会の法で裁かれるのを拒否すれば、教団ごと社会から抹殺されてしまう。そのため、比丘や比丘尼の戒律ではもっとも重い罰則として教団からの追放が規定され、殺人や盗みなどの犯罪行為をおこなった者は教団から追放されることになっていた。性行為は同意の上であれば犯罪ではないが、それを認めるならば、社会生活を営みながら信仰をする在家の信者（優婆塞、優婆夷。彼らは社会の中にいる存在で、社会の規則を遵守する必要がある）と変わらなくなってしまうので、やはり教団の中に留まることはできない。もし僧や尼が家庭を持ちたいと考えるならば、比丘や比丘尼の戒律を返上して在家信者に戻ればよいのであり（捨戒）、これは戒律違反（破戒）とは区別される。

比丘や比丘尼の戒律は自立的な集団の規律という性格上、すでに集団のメンバーとなっている者に対して戒律を守ることを誓い、メンバーとして承認されるという手続きが必要とされる（三師七証）。この正式な戒律を日本に伝えるため度重なる苦難を乗り越えて日本に渡ったのが、中国の高僧鑑真だった。しかし日本において、その戒律が自立的集団の規律という本来の役割を果たすことはなかった。古代日本の律令には僧尼令という規定があり、自由に僧や尼になったり望むままに修行することは許されなかったのである。

そのような状況に対して、日本天台宗の開祖の最澄（七六七〜八二二）は、大乗菩薩戒のみによって僧となる新しい制度を主張した。菩薩戒は、仏陀や菩薩たちに対して自分もあなたと同様に修行して仏陀になると誓うもので、僧伽に対してではなく、直接仏菩薩に誓いを立てる自誓受戒が可能なものだった。最澄は自分たちは大乗仏教の僧侶であり小乗の戒律である比丘や比丘尼の戒は必要ないとし、菩薩の誓いを立てて比叡山に十二年籠もって僧となる新しい制度を主張して、没後に朝廷から許可を得た。ただこれは天皇が許可としたとはいっても、いわば日本だけのローカルルールであり、天台系の僧が中国に留学した際、そのままでは僧として見なされないという問題も生み出した。

菩薩戒と比丘比丘尼の戒律の関係に関しては、古代のチベットでも議論があり、インドから招かれたアティシャが、菩薩（大乗）の戒を受けるにはすでに何らかの声聞（小乗）の戒を受けていることを前提とすると確定した（『菩提道灯論』）。菩薩戒には、悪いことをしない、よいことをおこなう、衆生を収めとる、の三つが含まれており（三聚浄戒）、第一の止悪が内容的に声聞の戒律と重なり、だから声聞戒が大乗戒を受ける前提として必要というのがチベットの考えで、反対に声聞戒の内容が含まれているからわざわざ受ける必要はないというのが最澄の考えである。

最澄は法相宗の徳一との論争で、すでに仏教が衰える時代にはいって末法の世が近づいており、時間をかけて段階的に学んでいく道を歩む者はすでにいないと説いている（『守護国界章』[1]）。道元や親鸞は天台宗の比叡山で学んでおり、最澄の流れからこれまで紹介してきたような教えがあらわれたのは偶然ではないだろう。戒律と頓悟、双方の特色に最澄は関わっており、仏教の日本的特色を作り上げたという点から言えば、最澄の果たした役割がもっとも大きいかもしれない(2)。

3 ― 神仏習合と仏教

しかし、仏教の性格を考えるならば、頓悟で悟ることができる者はきわめてわずかで、ごく少数の傑出した僧と、正しい理解を得られない大多数に分かれてしまうことになる。その上、多数派の眼には、自分たちとは隔絶したすぐれた僧の理解はけっして正しい理解には見えない。空海や最澄のような朝廷の信任を得た僧もいるが、法然、親鸞、日蓮は流罪になり、道元も宇治で教えを説こうとして圧力を受け、永平寺に引きこもった。正しい理解を得ていない多数派が政治権力に働きかけて、少数のすぐれた理解を示した者を「異端」として排除してきたのが日本仏教の歴史であり、それはこれまで述べてきたような事情による。

普通に考えれば、このようなあり方ではとても仏教を維持していくことは不可能に思われる。にもかかわらず、様々な問題を抱えながらも明治維新に至るまで日本仏教が持続できたのは、在来の神信仰が果たした役割が大きかったのではないだろうか。

もともと仏教は一律のものではなく対機説法の教えで、インド・チベットの伝統でいう対象物を実体視して疑わない下士への教えは人天乗とも呼ばれ、仏教固有のものではなく他の宗教と共通の教えとされていた（ツォンカパ『菩提道次第・広論』は下士を仏教徒に限定し、インドとは若干異なるが、それは実践階梯としての論であるためである）。日本における神仏習合と同様の現象は、日本だけでなく、中国や朝鮮半島、(3)インドやチベットでも生じている。釈尊の悟りの際の梵天勧請のエピソードにもインドの最高神のブラフマン（梵天）が登場していることが示すように、神仏習合は日本だけの特色ではなく、仏教がその土地に定着する基本的なあり方として考えなければならない。(4)本書第一章1でも触れたように、大黒天や弁才天などの天部は、仏教に取り込まれたインドの神々である。近代仏教学は密教を仏教がヒンドゥー教の影響を受けて変質したものと説明するが、インドの仏教者自身は、いわゆる後期密教の多面多臂の尊格を、仏がヒンドゥー教の信者を引き入れるためにヒンドゥー教の神々の姿をとったものと説明していた。

頓悟では下士から中士、中士から上士へと段階的に進むのではなく、一気に上士の境地に到達することが目指されるが、日本においては、人々の願いをかなえるなどの下士の段階だけでなく、輪廻からの解脱を目指す中士の段階をも在来の神信仰が担っていたのではないかと思われる。制度化された説明においては、外道（インドの異教徒）の教えは天界に生まれることを目指すもので解脱を求めないとされているが、それは仏教側の説明づけで、外道にも解脱を目指す教えはあり、ただその手段が瞑想による三昧で、それでは一時的に煩悩を停止させただけで、輪廻から解脱できないと仏教側は主張したのである。中士の段階においてはまだ空性を理解していないため、実際には外道の解脱と仏教の解脱の本当の違いは修行者には認識できない。

日本では、神の力を日常社会に取り込むことを目指すだけでなく、神々の世界とされる自然の中で修行し、神々の力を身に着けることが目指されてきた。平安時代はじめに編纂された日本最古の仏教説話集『日本霊異記』を見ると、奈良時代にそのような自然の中で修行して神通力を得ることを目指した聖たち（禅師などと呼ばれる）の活動が描かれている。民俗学者の折口信夫は、そのような神々の世界を目指す強い思いが浄土信仰として仏教を受容したことを小説『死者の書』で描いている。

そのような無数の聖たちの代表的存在が、「私度僧」として弾圧され、後に聖武天皇の大仏造営に協力した行基である。「私度僧」は『日本霊異記』では「自度」と呼ばれており、国家の統制下にある比丘の戒を受けることができず、菩薩戒を自誓受戒することによって僧を称したと思われる。最澄は、菩薩戒のみで僧となる「一向大乗寺」の日本における先例として、行基が建立したと伝える四十九院を挙げている（『顕戒録』）。最澄も山岳修行者の出身で、その神通力を期待される十禅師の一人に任じられており、大乗菩薩戒と比叡山の十二年籠山によって大乗僧となる新制度自体、このような神信仰の要素の取り込みの制度化を目指したものだったのかもしれない。

実際には、歴代の天台座主の多くが天皇家や藤原家の出身者であったことが示すように、天皇の許しを得た新しい制度も仏教者の集団を社会から自立した集団にすることはなく、心ある者は社会的価値観と切り離されていない僧伽を離れ、隠遁者として自然の中で修行に打ち込んだ。源為憲が出家した皇女のために編纂した『三宝絵』は、仏教の帰依の対象である三宝（仏・法・僧）に対応させて説話を配列した仏教説話集だが、そこで仏宝に配当されているのが六波羅蜜の実践の先例とされる釈尊の本生譚、法宝に配当されているのが『日本霊異記』に記された奈良時代の聖たちの事績、僧宝に配当されているのが現在の寺でおこなわれている法会の起源譚である。このような構成には、涅槃後に仏舎利という形をとる釈尊の菩薩行と、奇瑞をもたらし舎利菩薩などと讃えられた聖たちの活動と、寺院で執りおこなわれている舎利会などの法要を同じ功徳が得られるものとして主張するねらいがあり、僧伽を離れた異端的な聖こそがむしろ僧伽がおこなう儀礼を裏づけるものとして位置づけられている。

第三章では、このような観点からいくつかの事例を取り上げ、日本の神仏関係について考えていくことにしたい。

（1）「その修行の道に、また迂回歴劫と直道あり。…麁食者が示すところの多分の少乗の止観とは、歩行の迂回道にあい似たり。また多分の菩薩の止観とは、歩行の歴劫道にあい似たり。この二の歩行道は教のみありて修人なし。…正・像は稍《やや》に過ぎて末法は太《はなは》だ近きにあり。法華一乗の機、いま正しくこれその時なり。」『天台宗教聖典』3山喜房仏書林。

（2）最澄に対して空海は密教を頂点とする十住心の階梯を説いている（『十住心論』『秘蔵宝鑰』）。
・第一　異生羝羊心（自分の欲望のままに振舞う凡夫の心）
・第二　愚童持斎心（世俗道徳を守る凡夫の心）

・第三　嬰童無畏心（輪廻を厭い天界の（一時的な）安楽を望む凡夫の心）
・第四　唯蘊無我心（五蘊などの諸法のみ実在し、我は実体ではないと理解する声聞の心）
・第五　抜業因種心（十二支縁起を観じて自分のみの解脱を果たす独覚の心）
・第六　他縁大乗心（無諸縁の衆生のために菩提心をおこし、対境は実在せず心のみあると悟る唯識の心）
・第七　覚心不生心（不生を悟る中観の心）
・第八　如実一道心（三乗が一乗に帰すと悟り主客が融合する法華の心）
・第九　極無自性心（あらゆる微細なものにも自性はないことを悟る華厳の心）
・第十　秘密荘厳心（すべての徳を兼ね備えた密教の心）

空海が重視した伝ナーガールジュナ（龍猛）『菩提心論』がインドからチベットに伝わったのと同系統の階梯的な仏教理解を示すものであることは、生井智紹『密教・自心の探求』大法輪閣を参照。

インドでは、ナーガールジュナによる体系化の後、苦しみを生み出す心のメカニズムに焦点をあてた唯識、部派の考えを集成した倶舎論など、さまざまな観点から教えの理論化がおこなわれ、大乗の一大拠点だったナーランダー僧院で学ばれていた。『西遊記』の三蔵法師のモデルである玄奘三蔵が留学するなどして中国・日本に伝えられ、チベットには、それらを階梯的に捉える理解（モークシャーカラグプタ『論理のことば』中公文庫を参照）が伝えられた。密教の実践そのものは、言葉を超えた境地を灌頂によって師から弟子へと直接伝える頓悟系の教えだが、同様の仏教理解を空海も学んでいる。伝統的な僧院教育については吉村均「日本仏教がチベット仏教に学ぶもの」『現代仏教塾』Ｉ幻冬舎メディアコンサルティングで簡単に触れた。

（3）田村円澄『仏教伝来と古代日本』講談社学術文庫を参照。

（4）義江彰夫『神仏習合』岩波新書を参照。

第三章

神と仏の倫理思想史のために

国宝　山越阿弥陀図
（京都・禅林寺蔵）

1 伝来当初の仏教——『日本霊異記』を中心に

1 仏教以前の信仰

日本には固有の文字がなく、漢字が伝わることは同時に儒教や仏教の知識がもたらされることを意味したから、文献から仏教以前の信仰を知ることは容易ではない。柳田国男が指摘するように（本書243～244頁を参照）、信仰が外部のものに秘される性格のものであったならば、なおさらである。また、そもそも仏教伝来以前の日本という言い方が成り立つかという問題もある。後述するように、日本という政治的単位の成立は仏教の導入によってはじめて可能だったと思われるからである。

『風土記』は奈良時代に朝廷が全国に土地の産物や伝承を記して差し出すよう命じたもので、現存するものは少ないが、『常陸国（茨城県）風土記』の行方郡の記事として、次のようなまつりの開始の記事があり、民俗学者が神が神社にまつられる以前の古い姿と推測した来訪神の性格やそのまつりの論理を知る手がかりとなる。——継体天皇の時代のこと、箭括麻多智《やはずまたち》という者がいた。麻多智が谷の芦原を開墾しようとしたところ、蛇の姿の神（「夜刀神」）が群れをなしてあらわれて妨害したため、麻多智は「甲鎧」を身に着け「仗」で打ち殺して、山のふもとまで追い払った。麻多智は、そこを「神の地」と「人の田」の境界として、今後、自分が司祭者となって神をまつると誓って、許しを乞うた。それ以後、今に至るまで、子孫がまつりをつづけている。

「此より以上は神の地と為すことを聴《ゆる》さむ。此より以下は人の田と作《な》すべし。今より以後、吾、神の祝《はふり》と為りて、永代に敬ひ祭らむ。冀《ねが》はくは、祟ることなく、恨むることなかれ。」（『風土記（一）全訳注』講談社学術文庫）

神を打ち殺して追い払っておいて、謝ってまつるというのは、矛盾しているように感じられるかもしれないが、むしろこの矛盾にこそ、まつりの本質があると考えるべきである。夜刀神（「夜刀」は当て字で谷戸の神と考えられている）については割註に「俗の云はく、蛇を謂ひて夜刀の神と為す。其の形は蛇の身にして、頭に角あり。…見る人有らば、家門を破滅し、子孫継がず。…」とあるが、蛇の姿で角が生えているのであれば、ただの蛇ではない。麻多智が「甲鎧」を身に着け「仗」で打ち殺したと武装しているのも、ただの蛇とは考えていないからで、武器や防具には人の命を奪う呪術的な力やそれを防ぐ力があると考えられていた。実用的には不要な装飾がなされ、神宝として神社に刀や鎧が奉納されていたり、場合によってはご神体とされているのはそのためである。夜刀神は、芦原を開墾する時にあらわれて妨害したというのだから、恐らくは台地下の湧き水にいる蛇を自然の力の象徴と観念したものと思われる。日本は四季に恵まれている、日本の自然は豊かであるとよく言われるが、実際には台風や地震、火山の噴火など、自然災害は少なくない。水の恵みは、それなしでは生きていくことができないものだが、無制限に力を発揮されると、長雨や洪水となり、やはり人は生きていくことができない。そのような自然の力をコントロールする方法が、人の世界の外に締め出して神の力に制限を加えた上で、その代償行為としてまつりをおこなうことだったのである。麻多智やその子孫がどのようなまつりをおこなったかは記されていないが、ナマハゲのような決まった日に人間の世界に迎えいれ、酒や食べ物、性的な饗応をして満足してもらい、ふたたび人間の世界の外に帰ってもらうものであれば、話の内容と整合する。来訪神の多くは蓑や蔦などの植物を身にまとっており、自然を象徴していると考えられている。

このような信仰は、アニミズムとして説明されることが多いが、「蛇の身にして、頭に角あり」という言い方が示しているように、すべての蛇を神と見なしているわけではないことにも注意する必要がある。石をご神体とする例があるからといって、日本人がすべての石を礼拝の対象としているわけではない。柳田国男は石をめぐる伝説を収集しているが、その中に袂石《たもと》と呼ばれる話がある（『日本の伝説』）。旅人が小石を拾って袂にいれたところ、それがみるみる大きくなり、神としてまつったというのである。古代の日本人は石を成長するものと考えていた。君が代の歌詞「君が代は、千代に八千代に、さざれ石の、巌となりて、苔のむすまで」は、あなた（これが天皇を指すと考えられることから、憲法の国民主権との整合性が問題にされるわけだが、ここではそのような政治的議論が目的ではない）の治世がずっと続きますように、という祝福の歌で、問題はその後半「さざれ石の、巌となりて、苔のむすまで」で、小石が巨石となって苔が生えるくらい（長く）というのだから、この歌詞は石が成長することが前提となっている。もちろん古代でも石が成長するところを見た者はいなかっただろう。しかし彼らはそれを、石の成長は人間に比べてゆっくりだから、短い人間のスパンでは捉えることができないと考えたのである。草は木と比べて成長が早いが、冬になると枯れてしまう。それと同様に、人間と比べて石ははるかに成長が遅く、その分長生きだと考えられた。そういう眼で見るならば、巨石は信じられない長い年月を経て成長してきたわけで、そのような特別な石は信仰の対象となった。袂石のように例外的に成長の早い石や、宝石のように美しく輝く石も同様である。

本居宣長は、日本人が神という言葉で呼んできたのは次のような存在だと述べている。

「迦微《かみ》とは、古御典等に見えたる天地の諸の神たちを始めて、其を祀れる社に坐ス御霊をも申し、又人はさらにも云ず、鳥獣木草のたぐひ海山など、其餘何にまれ、尋常《よのつね》ならずすぐれたる徳《こと》のありて、可畏《かしこ》き物を迦微とは云なり。」（『古事記伝』）

神とされる対象は人や鳥、獣など、決まっていないが、「尋常《よのつね》ならずすぐれたる徳《こと》のありて、可畏《かしこ》き物」が神と呼ばれた。「すぐれた」は現代語ではよい意味にしか用いられないが、これには宣長がわざわざ註をつけていて、「すぐれたるとは、尊きこと善きこと、功しきことなどの、優れたるのみを云に非ず。悪きもの奇しきものなども、よにすぐれて可畏きをば、神と云なり」と、プラスの意味で「すぐれた」ものだけでなくマイナスの意味で「すぐれた」ものも神とされると説いている。夜刀神でいえば、角が生え、見た人の命を奪う蛇は普通の蛇ではない、そのような蛇が神なのである。

ここで注意すべきは、「尋常《よのつね》ならず」も「すぐれたる徳《こと》」も「可畏《かしこ》」きも、客観的基準ではなく主観的な捉え方であることである。言い換えれば、同じ物を、ある人は神と考え、ある人は神と考えないということがあるのが、日本の神なのである。これはキリスト教の神とはまったく異なる。キリスト教の神は世界の創造主であり、その定義上、人が信じようと信じまいと神は神である。日本の神はそのような存在とはまったく異なっており、西洋の神にカミという訳語をあてたのは誤訳というべきだが[1]、それはともかく、神としてまつることを要求する話や神であるかを試みる話があるのはそのためである。『日本書紀』には、夢告によって武蔵人強頸と茨田連衫子が河神の生け贄となることを求められ、強頸は泣く泣く入水したが、衫子は水に瓢箪を投げ入れ、この瓢箪を沈めることができないならば偽りの神であって命に従う必要はないと「請《うけ》ひ」をおこなった所、瓢箪は沈まず助かったという話がある（仁徳天皇十一年十月条）。これは信仰の変質を語る説話ではなく、日本の神の性格をあらわしたものと考えなければならない。

このような神を信じていたところに、新たに仏教がもたらされた。

2 仏教の普及と定着――旅人への教えと神のまつり・死者のまつりへの関与

『日本霊異記』(正式な書名は『日本国現報善悪霊異記』)は、平安時代はじめに奈良薬師寺の僧景戒によって編纂された、日本最古の仏教説話集である。かつての研究では、国の歴史書である『日本書紀』『続日本紀』こそが第一等の史料で、説話集である『日本霊異記』は価値的に劣ると見られていた。しかし、近年、発掘結果との合致などから、『日本霊異記』に当時の仏教の実態が生き生きと描かれていることが認められるようになってきている(引用は新潮日本古典集成による)。

『続日本紀』には、行基が橋や港の修築に関わったことが記されているが、なぜ僧侶がそのような事業に関わっていたかまではわからない。僧侶に橋や港の修築が可能だったのは、寺院を建設するための土木技術が仏教と共に朝鮮半島から伝えられたからだが、僧侶が橋や港を修築するのは、旅人の便宜を図ってだけではなく、そこを拠点として教えが説かれ(2)、新しい教えを耳にした旅人はそれを旅先や故郷に伝え、仏教は全国に広まっていった。

『日本霊異記』には行基がちょうど港を修築しているところの説話(中巻七縁)や、そこで教えが説かれた話(中巻三〇縁)が存在する。宇治橋のたもとの放生院(通称橋寺)は宇治橋の管理をおこなっていた寺院で、飛鳥時代に僧道登が橋を建立したことを記す宇治橋断碑(現存部分は約三分の一)

が残り、重要文化財に指定されている。『日本霊異記』には道登が橋を架ける工事の際の出来事を記した説話も存在する（上巻十二縁）。

旅人に対して教えが説かれるだけでなく、自身も旅をし、自然の中で厳しい修行をおこなう僧があらわれ、彼らが土地の信仰に関わっていった。古代遺跡を調べると、古墳群の造られていた場所に古代寺院が建てられていることがしばしばある。豪族の死者の祭祀が古墳の築造から寺院の建立に変わっているのであり、伝来当初から死と仏教の関わりは深かった。『日本霊異記』には、神のまつり、死者のまつりに僧が関与する説話が見られる。

神前読経＝神社に僧がいて神のために経を唱えることは、神仏習合の基本形態であり、明治維新の際に神仏分離がおこなわれる（本書13頁）まで、ごく一般的なあり方だった。死者のまつりについては現在でも、僧に依頼することが一般的である。仏教は在来の信仰に僧が関わる形で日本に浸透し、そのため在来の神信仰と新しく入ってきた仏教が別々の宗教とはならなかったのである。

『日本霊異記』下巻二四縁は次のような話である。――近江国（滋賀県）の御上の嶺（三上山）で修行していた大安寺の僧恵勝の夢に陀我《たが》大神があらわれて経を読むことを求め、翌日白い猿の姿であらわれて、前世の罪で猿の姿の神となったことを語り、その身を免れるため『法華経』の読誦を求めた。恵勝は承知して読経のための供養を求めたが、猿は朝廷から与えられた封戸からの収穫は神主が私物化していて自分の自由にはならないと答えた。猿は代わりに「知識」（仏教信者の集まり）にはいることを望み、恵勝は出かけて行って取り次いだが、「知識」の師である山階寺の満預大法師も檀越（スポンサー）も、猿の言葉だとして受けつけなかった。すると白い猿が堂の上にあらわれたかと思うと、寺は粉微塵に壊れた。堂を再建して神の願いをかなえたところ、今度は災いが起きなかった。

元々、神のまつりは安定したものではなかった。神を人間の世界の外に締め出して、その代償として、決まった日に神を迎えてもてなす（『常陸国風土記』の夜刀神の記事。本書162～164頁）というのは、人間側の一方的な都合によるものであり、それで神が満足する保証はまったくない。神が帰ろうとしなかったり、人間にとって都合の悪い時に出現することはよくあり、折口信夫は、「祟り」という言葉は、元々はそのような神の力の発現を意味したと説いている。この説話でも、神は恵勝に対して「朝廷われに賜《たま》ふといへども、典れる主ありて、おのが物とおもひて、われに免《ゆる》さず」と、神主への不満を口にしている。それに対し恵勝は、神がなぜ苦しんでいるか、どうすればその苦しみを解消することができるのを解き明かしうる存在である。もちろんこれは仏教側が広めた話だが、人々が聞いてなるほどと思う理由が、神まつりの性格そのものや仏教のイメージ――仏陀はすべてを見通すことができる存在であり、僧はその仏陀の境地を目指して修行している――にあったのである。仏教側であっても、それを知ることができなければ祟りを受けるのであり、神の願いを「こは猴《さる》の語なり。われは信《まこと》とせじ。受けじ、聴《ゆる》さじ」と取り合わなかった知識の師と檀越が蒙った災いがそのことを示している。

死者のまつりへの僧の関与も、神まつりとまったく同じ論理に基づいている。上巻第三〇縁は、死んで蘇った豊前国（福岡県）宮子郡の郡司膳臣広国が、死後の世界で亡父と会ったことを語ったという説話である。父は広国に、自分は生前の罪で地獄の苦を受けており、飢えて七月七日に蛇の姿、翌年の五月五日には赤い犬の姿でお前の家を訪れたが、お前は気付かずに自分を追い払った、さらに次の年の正月一日に猫の姿で訪れた際にようやく供え物を食べて、三年分の飢えを癒すことができたと語り、布施や僧に読経を頼むことや仏像を造ることや放生（殺される生き物を助けて放す）など、仏教の説く善行の死後の報いがどれほどのものかを語っている。

一月一日、五月五日、七月七日は、中国由来の節句の日だが、ここではその日が死者の霊がこの世に戻ってくる日と考えられている。大晦日に死者の霊が帰ってくる話は他にもあり（上巻十二縁、下巻二七縁）、これらはお盆の源流である仏教以前の死者のまつりと考えられている。下巻二四縁の陀我大神と同様、ここでは死者本人が従来のまつりがうまくいっていないことを語り、苦から救われる方法として仏教式のまつりを望んでいるのである。説話は「広国、その父の奉為《おほむため》に、仏を造り経を写し、三宝を供養して、父の恩を報いまつり、受くるところの罪を贖《あか》ひき。これよりのちは、邪を廻らして正に趣きき」と結ばれている。

この説話では亡父の望みを聞いたのは死後の世界を訪れた子の広国だが、僧がそれを知って伝える説話も多い（上巻十、同二〇、中巻十五、下巻十六縁）。そのひとつ、下巻十六縁は、故郷を離れ国を経巡って修行する寂林法師が、邪婬の罪に苦しむ横江臣成人の母を夢に見、成人に伝えたという話である。母は男性との関係に夢中で成人に乳を与えず飢えさせたことを語り、成人自身は幼かった時のことで記憶になかったが、姉に尋ねたところその通りで、造仏写経をおこない法事をおこなったという。

私たちは死者のことをいかに思っても、彼らが今どうしているか、何をしてあげればよいのかを知ることは難しい。仏教経典には地獄や極楽の様が詳細に描かれ、いかなる因で地獄に生まれるか、極楽往生のためには何をするべきかが説かれている。六道輪廻図や地獄極楽図を僧が絵解きすることは、仏教を広める手段として広くおこなわれていた（今もおこなう寺もある）。上巻三五縁にも「六道」を描いたことが記されており、上巻三〇縁でも「広国、黄泉に至りて善悪の報を見き。顕《あらは》し録《しる》して流布せり」と、死後の世界での見聞を説き広めたことを記している。

在来の神や死者のまつりにおいては、やってみた結果でしかうまくいくかわからないという不明性がつきまとう。それを解消するために、仏教の知とそれを持つ僧が新たなまつりの担い手として期待された。彼らは仏教の知を獲得すべく、山や海辺で厳しい修行をおこなった。神や死者のまつりや病気の治癒を期待された彼らは、「禅師」と呼ばれていることが多い（上巻七、八、二六、中巻二六、下巻一、二、三五、三六、三九縁）。上巻二二縁には、中国に留学して玄奘三蔵の許で学んだ道照（道昭。法相宗を伝えた）が帰国後「禅院寺」を建てたことが記されており、ここでいう禅は『瑜伽師持論』に説かれる唯識系統の止観と思われる（唯識は弥勒菩薩がアサンガ（無着）に伝えた教えとされるもので、下巻十七縁には「慈氏（註・弥勒のこと）禅定堂」という名の道場が登場する）。他に『法華経』の持経や陀羅尼の誦持などの雑密系の修行が山や海辺でおこなわれていた。『日本霊異記』の編者の景戒と同時代人で平安仏教を開いた空海や最澄も、このような山林修行者の出身だった。

3　古代国家と仏教――『日本書紀』の伝来記事と「憲法十七条」

神や死者のまつりに僧侶が関与することは、神まつりについては明治維新の際の神仏分離まで、死者のまつりについては現在も主流となっており、日本における仏教のあり方において大きな役割を占めるものだが、人々の関心の中心はいかに神や死者をまつるかにあり、仏教の役割は副次的なものだった。仏教がその独自性を発揮したのは、共同体を超えた場面や、共同体間においてだった。『日本書紀』などの仏教関連記事をみると、古代統一国家の成立に仏教が不可欠だったことが見えてくる。

『日本書紀』には欽明天皇十三年（五五二）十月の事として、仏教伝来の記事が記されている。学校では五三八年と習ったという人が多いだろうが、それは別の資料（『上宮聖徳法王帝説』『元興寺伽藍縁起并流記資材帳』）に基づくもので、『日本書紀』の年号が採用されていないのは、その記事で引用されている手紙や記事の表現に七〇三年に中国で翻訳された、つまり五五二年にはまだ存在していなかった『金光明最勝王経』の表現が用いられ、歴史的事実ではないことが百パーセント確実であるためである。しかし、『日本書紀』の記事は五五二年に何が起きたかを知る歴史資料としては使うことができないが、まだ仏教が外国から来た新しい宗教だった『日本書紀』編纂時（七二〇年完成）にもっともらしく作られた、生まれてはじめて仏教に接した日本人のリアクションであり、当時の人々が仏教をどのようなものとして捉えていたか、特にそれまでの神の信仰とどう異なるものと考えていたかを知る資料としては役に立つ。

記事は百済（朝鮮半島に存在した王国のひとつ）の聖明王から仏像や経論が贈られたということから始まる。それに添えられていた手紙（事実ではない）が引用され、教えの卓越性（「是の法は諸の法の中に、最も殊勝《すぐ》れています。解《さと》し難く入り難し」）とインドから朝鮮に至る国々で仏教が信仰されていることが記されている。それに対し欽明天皇は「歓喜《よろこ》び踊躍《ほとはし》り」したが（『金光明最勝王経』による修飾）、自分で決めることはできないとして、群臣たちに「西蕃の献れる仏の相貌端厳《きらぎら》し。全《もは》ら未だ曾て有ず。礼《ゐやま》ふべきや不や」と問うた。意見が分かれたため、賛成派の蘇我稲目に試みに仏像を与え、稲目は自分の家に安置してまつり、後に寺を建てた。しかし伝染病が流行ったため、反対派の物部尾輿・中臣鎌子は、仏像をまつったためであるとして、仏像を難波の堀江に流し棄て、寺を焼き払った。

ここでは仏像に焦点が当てられ、三者三様の対応が語られている。百済の聖明王が天皇に勧める理由として挙げた教えの卓越性と欽明天皇が群臣たちに語ったことには隔たりがあるが、これは作られた記事であり、金色に輝く仏像をまつることが従来の信仰とは大きく異なることが、当時の人々にとって仏教の新しさだったことを示していると考えるべきだろう。反対派で仏像を流し寺を焼き払ったとされる物部氏の根拠地からは、氏寺と推測される寺院跡（渋川廃寺）が見つかっており、これも歴史的事実とは言えない。また、もし流し棄てるという行為が、仏像には価値がないためと考えるならば、当時都のあった飛鳥からわざわざ山を越えて大阪湾の運河まで運ぶことは不自然である。これについては仏像を従来の神をまつるのと同様に扱ったものとする説があり[3]、従うべきだろう。神を人間の世界の外から迎え入れてもてなし、また送り返す論理からすると、仏像という海の向こうからやってきた新しい神をそのまま留め置くことは、神の力の恣意的な発動を許し、災いをもたらす（現在でも三月三日を過ぎてもひな人形を飾っておくと娘の結婚が遅れるといわれることを考えるといい）。災いを鎮めるためには仏像をあの世に送り返す必要があるのである（『日本霊異記』上巻五縁は物部守屋のこととして、「今、国家に災ひを起すは、隣国の客神の像をおのが国の内に置くことによる。この客神の像を出すべし。すみやかに豊国に棄て流せ」という言葉を記す）。賛成派とされる蘇我氏は自宅に仏像をまつり、後に寺を建てたというのだから、従来の神とは異なる、この世に留まりつづける点に仏像という新しい神のメリットを見ていた存在として描かれていることになる。

　このように、『日本書紀』の仏教伝来記事という作られた記事は、この世に留まりつづける仏像をまつる点に、従来の信仰とは異なる新しさを見たものとして書かれている。それまでの信仰においては、神と人が直接接するのは、まつりの時だけで、神に対する対処法としては、酒を勧める、ご馳走を並べる、美女を捧げ性的なもてなしをするなど、ご機嫌をとって満足させることが主眼だった。それに対して仏と人は、仏像を恒常的な寺院にまつることによって、常に関わりつづける。仏に対してはその場かぎりの対応で済ますことはできないのであり、仏は人の行為をすべて見通す存在として意識された。

古代天皇制の成立に仏教が影響を与えたのか、あるいは、古代天皇制が自己の権威を補強するものとして仏教を利用したのかは不明だが、両者の密接な関係は、単なる氏族連合のレベルを越えた統一国家としての理念を記した「憲法十七条」（『日本書紀』推古天皇十二年四月条。聖徳太子の作とされる）にはっきりと示されている。

「和なるを以て貴しとし、忤《さか》ふること無きを宗とせよ。人皆党有り。亦達《さと》る者少し。是を以て、或いは君父に順はず。乍《また》隣里に違ふ。…」第一条

「篤く三宝を敬へ。三宝とは仏・法・僧なり。…其れ三宝に帰《よ》りまつらずは、何を以てか枉《まが》れるを直さむ。」第二条

「忿を絶ち瞋を棄てて、人の違ふことを怒らざれ。人皆心有り。人各執れること有り。彼是すれば我は非す。我是すれば彼は非す。我必ず聖に非ず。彼必ず愚に非ず。共に是凡夫ならくのみ。…」第十条

「…国に二の君非ず。民に両の主無し。率土の兆民は、王を以て主とす。…」第十二条

「私を背て公に向くは、是臣が道なり。…初の章に云へらく、上下和ひ諧《あまなひととのほ》れ、といへるは、其れ亦是の

情なるかな。」第十五条（以上、日本古典文学大系『日本書紀』下岩波書店）

「憲法十七条」第一条では、「党」間の対立を解消した「和」が主張されている。この「和」は、一般的にそう考えられているような、親密な関係を意味しているのではない。親密な関係に相当するのは、恐らくは氏族共同体を念頭においている「党」の方であり、第一条ではその乗り越えが目指されているのである。第十五条では、第一条を説明して「和」とは「私」を捨てて「公」に従うことだと述べている。それは、具体的な政治形態としては、天皇を唯一の君主とすることである（第十二条）。また、第二条では「三宝」（仏・法・僧）への帰依が主張されている。それは、第十条で述べられているように、私たちは意見が異なるとき、自分は正しく相手は間違っていると感じて腹を立てるが、実際には必ずしもそうではないのであり、仏教の観点から見るならば互いに我執に捉われた「凡夫」であるという自覚を持つことによってのみ、対話が可能になるからである。これは第一条で主張されている「党」間の対立の乗り越えによる「和」と対応している。

このように、「憲法十七条」では、氏族間の対立を乗り越えた天皇を頂点とする統一国家が目指され、それを可能にする宗教的権威として仏教が位置づけられている。氏族はそれぞれ神をまつっていたが、神は客観的存在ではないため、それを信仰する集団を超えた権威を持つことはできず、それによっては氏族間の対立を解消することはできない。そのようなあり方を対象化しうるのが仏教であり、古代の天皇は仏教を掲げることによってはじめて、諸氏族をまとめることが可能になったのである。

このような仏教による国家の統一の構想を具体的な政策として実行したのが、奈良時代の聖武天皇である。仏教説話集『日本霊異記』では、聖武天皇は聖徳太子の生まれ変わりとされている（上巻五縁）。聖武天皇は鎮護国家のため、全国に国分寺・国分尼寺の建立を命じたが、当時の庶民はまだ竪穴住居に住んでおり、七重塔がそびえたつ伽藍は、人々に、従来の神の力をはるかに越えた常在する聖なるものの存在を実感させたと思われる。

4――因果応報

景戒は『日本霊異記』の編纂意図について、上巻序で次のように述べている。

「ここに、諾楽《なら》の薬師寺の沙門景戒、つらつら世の人を瞰《み》るときに、方《まさ》に鄙《とひと》なる行《わざ》を好めり。…善悪の報は、影の形に随ふがごとし。苦楽の響は、谷の音《こゑ》に応《こた》ふるがごとし。見聞するひとは、すなはち驚き怪しび、一卓の内を忘る。慚愧するひとは、たちまちに悸《こころつご》きし惕《いた》み、起ち避る頃《あひだ》を忩《いそ》ぐ。善悪の状を呈すにあらずは、何をもちてか、曲執を直して是非を定めむ。因果の報を示すにあらずは、何によりてか、悪心を改めて善道を修めむ。昔、漢地にして『冥報記』を造り、大唐の国にして『般若験記』を作りき。なにぞ、唯し他国の伝録をのみ慎みて、自土の奇事を信《う》け恐りざらむや。」（上巻序）

『日本霊異記』は正式名称を『日本国現報善悪霊異記』というように、日本における善業・悪業の報いとしての「霊異」を集めた書だが、景戒は、人々が回心して仏教を信じるようになるためには「霊異」の見聞が不可欠だと説いているのである。

『日本霊異記』には、悪業をなしたものが地獄に落ちる話も多いが、仏教の地獄は、キリスト教のものとは違い、輪廻する六道のひとつで、地獄の苦は自分の瞋りや貪りの心がもたらしたもの、その結果に無自覚なまま願望したことが実を結んだものである。『日本霊異記』の地獄の苦を受けてから甦った人の話では、焼けた銅の柱を見ると抱きたいという思いが生じ、それを抱いて焼かれてしまうという体験が語られている（中巻七縁、下巻二二縁）。貪りや瞋りの心によって苦を受けることは、まさに「愚人の貪るところは、蛾の火に投《い》るがごとし」（下巻十八縁）、火の明かりに引き寄せられた蛾がその火に焼かれてしまうのと変わらない。甦った者は地獄における苦の体験について「これわが招ける罪にして、地獄の咎にあらず」（下巻二三縁）、自分自身が引き寄せた苦しみなのだと語っている。

「因果を礙《つくろ》はずして罪を作すは、目なき人の虎の尾を履《ふ》むが比《ごと》し。名利を甘《たくま》しび嗜《あぢま》みて生を殺すは、鬼に託《くる》へる人の毒ある蛇を抱くが疑《ごと》し。」（下巻序）

悪業をなす者は、貪りや瞋りの心に捉われ、それがいったい如何なる結果をもたらすのかを知らないままに行為をおこなっている。生の盲目性に駆り立てられた人々は、仏陀の眼から見るならば、気づかずに虎の尾を踏んでしまう盲人や、それと認識できずに毒蛇を抱いている狂人のようなものである。因果という観点からいえば、私たちの現在の有様はすべて過去の行為の結果であり、また未来の因でもある。であるから、景戒が評言で引用するように「過去の因を知らむとおもはば、その現在の果を見よ。未来の報を報いを知らむとおもはば、その現在の業を見よ」（上巻十八縁）というのはその通りである。

今日の日本においては、仏教僧が輪廻や因果応報の教えを説くのを聞くことは、あまりない。それは日本仏教の歴史の中で因果応報の教えが差別に用いられ、その反省にたってのことである。僧侶の養成も近代的な大学でおこなわれるようになっており、輪廻は仏教本来の教えではないと考えている僧も少なくない。しかし、仏教において、輪廻は無始の始めから繰り返されているものであり、それを見通すことができるのは、一切智者である仏陀だけである。因果も、単純に単独の原因が単独の結果を生むという単純なものではなく、直接原因である因と間接要因である縁が複雑に絡み合っているとされており、その因や縁にもさらに因や縁がある。仮に今困難な状況にある者が因果応報の観点からすれば過去の何らかの業の果であるとしても、今、自分がそのような状況にないのは、自分がそのような業を積んでいないからではなく、単にまだそれが果を結んでいないだけかもしれない。因果を見通すことは私たちにはできないのである。そもそも、因果応報の教えは仏の視点を意識することによって自己中心的な視点を反省することにあり、他人の差別視する視点を正当化するのに用いて、自己中心的な視点を強化してしまうのは、本来の教えの意図とは正反対のものである。

『日本霊異記』中巻四一縁の評言で、景戒は次のような物語を「経」の引用として紹介している。――釈尊が弟子の阿難と共に墓の側を通った際、夫の亡母をまつる夫婦がおり、釈尊は妻が泣くのを聞いて、声を出して嘆いた。理由を尋ねる阿難に対し、釈尊は次のように語った。妻は前世で夫の母親であり、息子に愛着のあまり、死に際してその生殖器を口で吸い、常に息子の妻に生まれ変わると言って亡くなり、その通り、隣家の娘に転生して妻となった。妻が夫の父母のものと思っている墓に埋葬されているのは、本人は気づいていないが、実は前世での夫と自分自身の骨なのだ、と。

この「経」は典拠不明とされ、夫の両親の墓をまつっていることから考えると中国で作られた話のようにも感じられるが、釈尊が前世の因縁を解き明かす話は経典に数多く存在する。仏教において因果をすべて見通すことができるのは仏陀だけであり、『日本霊異記』において因果を解き明かす存在として聖徳太子や行基が登場するが、彼らは仏菩薩の化身、仮に人間の姿でこの世に現れた「隠身の聖」とされている。

上巻四縁の前半は、聖徳太子が乞食を「隠身の聖」と見抜いたという説話である。太子が片岡村を通りかかった時、道端に横たわる乞食を見て語りかけ、自分の着ていた衣を脱いで着せかけた。帰りに再び通ると乞食はおらず、衣が木の枝にかけられていて、太子はそれを取って着た。ある家臣が、賤しい者に触れて穢れた衣をなぜまた着るのかと申し上げたが、太子は取り合わなかった。乞食は他の所で死に、太子は墓を造って遺骸を収めた。後に使いを遣わしたところ、墓の口は開いていないのに遺体はなくなっていて、歌のみが残されていた。景戒は評言で「誠に知る、聖人は聖を知り、凡人は知らず。凡夫の肉眼には賤しき人と見え、聖人の通眼には隠身と見ゆといふことを」と、乞食が実は聖者であることを太子が見抜いたのは、太子も聖者だからであると讃えている。

中巻二九縁は、行基が説法をおこなった際、聴衆の中に髪に猪の油を塗った女性が交じっているのを見抜いて、「われ、はなはだ臭きかな。その頭に血を蒙れる女は、遠く引き棄てよ」と叱責したという説話である。中巻三〇縁でも、説法を聴聞する人々の中に、泣き止まない子供を連れた女人がいて、行基はその子を川の淵に投げ捨てるよう命じている。投げ入れられた子供は浮かび上がって母親を睨みつけ「慨《ねた》きかな。今三年徴《はた》り食はむに」と言った。行基は母親に、前世で物を借りたまま返さなかったため、貸し主が子供に生まれ変わって負債を取り返していたのだと説き明かしている。

この中巻三〇縁のみを見ると、行基が冷酷な存在であるかのような印象を受けるかもしれないが、このような態度の背後には、すべてを見通すことができるがゆえの深い嘆きが存在している。中巻十二縁では、山中で蛙を飲み込もうとする蛇を見た女性が、蛙を助けるために自分が身代わりに妻となる約束をしてしまったことを相談され、行基は「烏呼《ああ》、量りがたき語なり。ただ能く三宝を信《う》けむのみ」と嘆いている。上巻五縁で文殊菩薩の化身であることが語られている行基の眼には、本人たちの自覚していない容易に解きほぐしがたい因縁が見えており、それゆえその嘆きは深いのである。

聖徳太子や行基について、片岡山の乞食の話は『日本書紀』にも記されており（推古天皇二一年十二月朔条）、行基についてもたびたび「霊異神験」を引き起こしたことが『続日本紀』に記されていて（天平勝宝元年二月二日条）、『日本霊異記』に限らない、当時の人々の一般的なイメージであることがわかる。仏教に期待され、獲得することが目指されたのは、このような普通の人の知りえないことを明るみにする知だったのである。

私たちは生の盲目性のゆえ、現在の自分を正しく捉えることができない。景戒は下巻序で次のような話を紹介している。――山で修行中の僧が食べ物を烏に分け与えていたのが、ある時何気なく小石を拾って持て遊び、投げたところ、垣根の外にいた烏に当たって烏は死んでしまった。烏は猪に生まれ変わり、石を掘り崩して食べ物を探し、石がころがり落ちて僧に当たって僧は死んでしまった。僧は烏を殺すつもりはまったくなかったし、猪も復讐してやろうという気はなかった。私たちは気づかないまま様々な行為をなし、それと気づかぬままにその報いを受けているのである。それは善行や悪行の報いであることを示す「霊異」としての善報・悪報は、善報・悪報一般とは異なるということでもある。

「霊異」としての悪報は、それと気づかないまま望んでいたことが何だったかをその人にはっきりと知らしめる。「これより以後、また悪を行はざりき」（上巻十一縁）、「信心を発《おこ》し、邪を廻らして正に入りき」（上巻十五縁）、「この人、涼《よみ》の状を観て、施を好み生を放ちき」（中巻十六縁）、それを知った人は、望みを真の幸せに変えていく。それは報いを受けた本人だけでなく、それを見聞した人も同様である

（「国挙《こぞ》り惣郡《こほりしかしながら》、見聞く人、喟然《なげ》き慓然《うれ》へき」下巻二六縁）。であるから、変に聞こえるかもしれないが、『日本霊異記』に記されたような「霊異」は、善報譚はもちろん悪報譚も、気づいていなかったことに気づくことができる、望ましいものということになる。そのことは編者の景戒ははっきりと自覚しており、中巻の内容の大半は聖武天皇の治世下の出来事だが、景戒は中巻序で「唯り以《おもひみ》れば、この天皇のみ代に録すところの善悪の表《しるし》は、多数なりといへり。聖皇の徳によりて、顕れし事最も多し」と、聖武天皇の徳によってその時代に沢山の善報、悪報があらわれたと説いている。(4)

因果ということで言えば、善悪の報いの直接原因（因）はその人の行為だが、それがいつどのような形で結果を結ぶかは決まっていない。「霊異」が人々に善行悪行の報いであることを示すのは、そこに間接要因（縁）として仏菩薩や天（仏教の守護神）の働きが介在しているためである。それをよく示しているのが、盗まれ壊されようとした仏像が叫び声を挙げて犯行を知らせたという説話で、「それ理法身の仏は、血肉の身にあらず。なにぞ痛むところあらむ」（中巻二三縁）、仏像が痛みを感じるわけはなく、仏像が声を挙げたのは「定めて知る、聖、其の悪を輟《や》めて、この瑞《しるし》を示したまひしことを」（中巻二三縁）、その悪を止めさせるためである。上巻十縁と中巻十五縁は、法要をおこなうために最初に出会った僧を招くことにして、乞食が招かれ、逃げ出そうとした乞食が牛の言葉や夢でその家の牛が主の親の生まれ変わりであることを知り、それを告げたという、ほぼ同じ筋立ての説話で、上巻十縁は表題が「子の物を偸《ぬす》み用ゐ、牛となりて役《つか》はれて異《あや》しき表《しるし》を示す縁」で、子供の物を黙って使って牛に生まれ変わってそれを償うことになった悪報譚、中巻十五縁は「法華経を写したてまつりて供養することによりて、母の女牛となりし因を顕す縁」で、評言にも「まことに知る。願主の母の恩を顧みて、至深に信ぜしと、乞者の神呪を誦じて、功を積みし験なりといふことを」とあり、願主の法華経書写の功徳と乞食が般若心経の陀羅尼を唱えていたことの功徳で、母親が牛に生まれ変わったことを明らかにしたという善報譚とされている。

善報譚の多くは仏菩薩に祈願してかなえられたという内容だが、それらも単なる仏菩薩のご利益のPRではない。病気で両耳が聴こえなくなり全身に瘡ができて長年治らず「宿業の招くところならむ。ただに現報のみにはあらじ。長く生きて人に厭はれむよりは、如かじ、善を行ひてすみやかに死なむには」と考えた（上巻八縁）、漢神をまつって生贄を捧げたところ病にかかり、医療や祈祷ではよくならず「わが重き病ひを得たるは、殺生の業によるならむ」と考えた（中巻五縁）、両目が見えず貧しく餓死に瀕して「宿業の招くところならむ。ただに現報のみにはあらじ。徒《いたづら》に空しく飢ゑ死なむよりは、善を行ひ念ぜむにはしかじ」と考えた（下巻十一縁）、大きな腫れ物ができて長年治らず「宿業の招くところならむ。ただに現報のみにはあらじ。罪を滅し病ひを差《いや》すよりは、善を行なはむにはしかじ」と考えた（下巻三四縁）など、自分の今ある状況を長い因果の連鎖の中で捉えている。仏菩薩に祈るのは、それが前世からの長い因縁によって生じた、容易に解きほぐしがたいものであることを自覚したからである。「霊異」としての善報は、無自覚的な生を続けることを支えるものではなく、生を自覚化する視点を得ることを肯定し助けるものなのである。編者の景戒自身、自分のおこないを思い返し、「つねに万《よろづ》の物なくして、思ひ愁へて、わが心安くあらず。昼もまた飢ゑ寒《こ》い、夜もまた飢ゑ寒ゆ。われ先の世に、布施の行を修せずありき。鄙なるかな、わが心。微《いや》しきかな、わが行」（下巻三八縁）と漸愧の心を起こしている。

このように、「霊異」としての悪報譚・善報譚は、人々に無自覚だった自己の営みを因果の観点から捉える仏の知をもたらす役割をもっている。その意味で「霊異」は、中巻四一縁所引の「経」の釈尊や、仏菩薩の化身である聖徳太子や行基と同じ役割を果たしているのであり、下巻十縁の評言で景戒が「これ、不信の人の心を改むる能き談《かたり》なり。邪見の人の悪を輟《や》むる穎《すぐ》れたる師なり」と語っているように、人々を導く師なのである。(5)

景戒は説話の後の評言で経典の言葉を引用することが多いが、しばしばそれが説話の本題からずれていることがある。経典の言葉は仏の知に基づくもので、一般の人には信じがたいものである。景戒は仏教僧ではあるが、生の無自覚さに覆われているかぎり、経典の所説を身にしみて実感することはむつかしい。「霊異」が示した仏の知は、景戒に何気なく見過ごしていた経典の言葉が説くところを気付かせる。道場法師の孫娘は五百人力を超えていた。──「経に説きたまへるがごとし。「餅を作りて三宝を供養すれば、金剛那羅延の力を得む云々」とのたまへり。ここにもてまさに知れ、先の世に大きなる枚餅を作りて、三宝聚僧を供養し、この強き力を得たりしといふことを」（中巻二七縁）。

説話の中には道場法師の孫娘が怪力だったことが記されているだけで、その前世の話はまったくない。金剛那羅延の力を得ている人が実際にいる、あの経典の言葉は本当のことなのだ、その感動が景戒を突き動かしているのである。「霊異」の知は経典の言葉をも照らし出しており、景戒は誰よりもまず自分自身が「霊異」に動揺し驚いている。教説を庶民に教えるわかりやすい事例として「霊異」を扱っているわけではない。

177頁に引用した回心の契機という景戒の編纂意図はこのようなことであり、ひとつひとつの説話だけを取り上げれば現世利益的、呪術的に見えるかもしれないが、人々のおこないを照らし出す仏の知はひとつの悪報、善報をもたらして終わるようなものではない。どこまで仏の知を感じ取ることができたかは人によって異なるだろうが、その知は悪を止め善をおこなうようつとめる下士の段階、さらには輪廻からの解脱を目指す中士の段階、すべての生き物を苦しみから解放するために仏陀となることを目指す上士の段階へと、人を導く性質のものである。実際、下巻二五縁は、遭難した二人の漁師が仏に祈って助かったという説話だが、助かった二人の内一人は再び殺生の業につくことを嫌って故郷に戻らず漂着した淡路国の国分寺の僧に仕え、もう一人は帰って家族と再会したものの、「心を発し世を厭ひ、山に入り法を修し」たと語っている。これは「霊異」のその後を物語る例として興味深い。

景戒は中巻序で「この功徳に藉《よ》りて、右の腋に福徳の翮《つばさ》を着けて、沖虚の表に翔《かけ》り、左の脇に智恵の炬《ともしび》を燭して、仏性の頂に登り、普く群生に施して、共に仏道を成ぜむ」と、『日本霊異記』編纂の功徳によって智慧と福徳を積んで仏陀の境地に至り（本書88頁）、衆生を仏陀の境地に導くことを願い、下巻序では「庶《こいねが》はくは、地を掃ひて共に西方の極楽に生れむ。巣を傾けて同じく天上の宝堂に住まむ」と、阿弥陀仏の極楽への往生や弥勒菩薩の兜卒天への上生を願い、巻末では「われ、聞くところに従ひて口伝を選び、善悪に儻《かたちは》ひて霊《くす》しく奇《あや》しきことを録せり。願はくは、この福をもて群迷に施し、共に西方の安楽国に生まれむことを」と、『日本霊異記』編纂の福徳を衆生に廻向して共に極楽に往生することを願っている。これらがどこまで景戒において具体的なイメージを持つものだったかはともかく、「霊異」による回心の先にあるものとして、生天や往生や仏陀の境地が考えられ、目指されているのである。

（1）吉村均「神道とキリスト教」『比較思想事典』東京書籍所収を参照。
（2）そのような場で説かれたことをうかがわせる説話も存在する。吉村均「文芸・芸能の思想」『日本思想史講座』2―中世 ぺりかん社所収を参照。
（3）西田長男「初伝仏教の受容」『日本神道史研究』3講談社所収を参照。
（4）八重樫直比古『古代の仏教と天皇』翰林書房を参照。
（5）吉村均「『日本霊異記』の善悪観」上廣倫理財団『研究助成報告論文集』8を参照。

2 浄土信仰の諸相――折口信夫『死者の書』を手がかりに

1 折口信夫『死者の書』

「山越阿弥陀図」と呼ばれている仏画がある（本書161頁）。二つの山の合間から阿弥陀仏が姿をあらわし、往生者を迎える図柄で、伝承によれば、平安時代の『往生要集』の著者源信（九四二～一〇一七）は、奈良の二上山の麓の出身で、この図像は彼の創出になるものだという。二上山の麓には当麻寺があり、そこにまつられる当麻曼荼羅（正しくは観無量寿経変相図。『観無量寿経』で説かれている極楽浄土の瞑想を図像化したもの）は、中将姫という女人が蓮糸で織り、彼女は極楽往生を果たしたという伝説をもっている。折口信夫はこれらの伝説を題材に、小説『死者の書』を書いた。

『死者の書』は場面や時間が複雑に入り組んでいるが、多少整理して粗筋を紹介すると、――小説は墓の中で死者が目覚める場面からはじまる。失踪した藤原南家の郎女《いらつめ》の魂よばいをする声に目を覚まされたのだった。目覚めた死者は、自分が滋賀津彦（大津皇子）で謀反の罪を着せられて処刑され、二上山に葬られたこと、子孫がなく名を伝えるものがいないことを思い出していき、刑死の直前に一度見た耳面刀自《みみものとじ》の面影に深く執し、自分の子を産ませたいと思う。奈良の都の屋敷で藤原南家の郎女は二上山の間に落ちる夕日に荘厳な人の面影をありありと見て、『称讃浄土仏摂受経』（極楽の有様を描く『阿弥陀経』の新訳）の書写を発願し、千部を終えた夜に失踪して、一晩中西へと歩き、夜が明けると二上山麓の万法蔵院（当麻寺）にいた。結界を犯した償いに籠もることになり、当麻の語部の嫗から、大津皇子の霊には一族に当る郎女が耳母刀自と映り、呼び寄せたのだと聞かされる。夜、大津皇子の霊が訪れ、郎女の口から咄嗟に「なも　阿弥陀ほとけ。あなとうと　阿弥陀ほとけ」という言葉が突いて出る。眠りに落ちた郎女は、渚を歩いて白玉を拾い上げ、等身大になった玉を抱いて波に漂い、一体化する夢を見る。郎女は、衣を織って着せ掛けようと蓮糸を紡いで機を織り、織りあがった布に郎女は仏の姿を描き、人々がそれに見とれる中、姿を消す。

　折口は、「山越しの阿弥陀像の画因」という論文で、「渡来文化が、渡来当時の姿をさながら持ち伝えていると思われながら、いつしか内容は、我が国生得のものと入りかわっている。そうした例の一つとして、日本人の考えた山越しの阿弥陀像の由来と、之が書きたくなった、私一個の事情をここに書きつける」として、『死者の書』で描いたことについて語っている。山越阿弥陀図では山の向こうに阿弥陀仏が姿をあらわしているが、大阪の四天王寺で盛んにおこなわれていた彼岸中日の日想観では海に落ちる夕日に極楽を思ったのであり、山の向こうではない。当麻曼荼羅に描かれた『観無量寿経』の韋提希《いだいけ》夫人が日想観をおこなう姿も海辺である。仏教以前に春分秋分に日まつりがおこなわれていて、女性たちが日を迎え、送った。山越阿弥陀は源信が比叡山の横川で感得したものと伝えるが、比叡山の坂本側の花摘社は里の女達が登って花摘みをして籠もった場所で、元は必ずしも一箇所に籠もるのではなく、野山を自由に駆けたのだと思われる。そのような女性たちの記憶が仏教にも影響を与えて、山の向こうの阿弥陀仏という図像が成立した。

「…幾百年とも知れぬ昔から、日を遂うて西に走せ、終に西山・西海の雲居に沈むに到って、之を礼拝して見送ったわが国の韋提希夫人が、幾万人あったやら、想像に能わぬ、永い昔である。此風が仏者の説くところに習合せられ、新しい衣を装うに到ると、其処にわが国での日想観の様式は現れて来ねばならぬ訣である。

日想観の内容が分化して、四天王寺専有の様式と見なされるようになった為、日想観に最適切な西の海に入る日を拝むことになったのだが、依然として、太古のままの野山を馳けまわる女性にとっては、唯東に昇り、西に没する日があるばかりである。だから日想観に合理化せられる世になれば、此記憶は自ら範囲を拡げて、男性たちの想像の世界にも、入りこんでくる。そうした処に初めて、山越し像の画因は成立するのである。」

「私の女主人公南家藤原郎女の、幾度か見た二上山上の幻影は、古人相共に見、又僧都一人の、之を具象せしめた古代の幻想であった。そうして又、仏教以前から、我々祖先の間に持ち伝えられた日の光の凝り成して、更にはなばなと輝き出た姿であつたのだ、とも謂はれるのである。」（以上、「山越しの阿弥陀

像の画因」折口信夫全集32中央公論新社／『死者の書・身毒丸』中公文庫）

折口信夫は年中行事について、それらは外国起源の行事とされるが、実はその中核となっているのは神を迎えてまつり、送り返す仏教以前の神のまつりで、それに時代時代にあった説明づけがなされているのだと指摘しているが（本書53～55頁）、仏教についても浄土信仰が仏教以前の日まつりと結びつき、それに置き換えられることによって受容されたとこの論文で語っているのである。

折口が『死者の書』と「山越しの阿弥陀像の画因」で浄土信仰をめぐる民俗の重層性を語っているように、本章が問題とする神仏関係においても、様々なレベルが存在している。そもそも本書第二章①で述べたように、伝統的な仏教は特定の教義ではなく、聞く人に合わせた対機説法の教えだった。従来の神仏関係をめぐる研究においては、神や仏を固定的に考えて、その上で二つの関係を問題にしてきたところがあったという指摘があるが[1]、実際には、仏と呼ばれているが神である、神とされてはいるが本当は仏である、そういった例が少なくない。

たとえば、和辻哲郎が『古寺巡礼』で触れた法隆寺夢殿の救世《ぐぜ》観音像などはその一例である。政府の嘱託を受けたフェノロサが厨子の扉を開けるよう交渉したが、寺僧は「そういう冒瀆をあえてすれば仏罰立ちどころに至って大地震い寺塔崩壊するだろう」と抵抗したという（和辻哲郎全集2岩波書店／岩波文庫）。元々仏像はこの世に留まり続ける新しい神としてはいってきたのであり（本書172～174

頁）、それを秘さなければならない必然性はどこにもない。救世観音像は飛鳥時代の作例だが、法隆寺の記録を見ると、創建当初から秘仏とされていたわけではなく、平安時代の終わり頃から次第に人目から隠されるようになっていったことがわかる。(2) 普段は公開されず特定の日や年に「ご開帳」される仏像はあちこちにあるが、これは特定の日にこの世に迎えられる仏教以前の神のあり方に近い。救世観音像のように、厳重に扉が閉ざされ、開けると祟りがあるなどということは、仏典のどこにも根拠を見出すことはできないだろう。

その一方、神は神社に一年中まつられるようになり、さらに従来の神のほかに仏や菩薩が姿を変えた神がいるという本地垂迹説が唱えられるようになっていった。親鸞の玄孫の存覚は『諸神本懐集』で、前者を「実社の神」（実神）、後者の仏菩薩の化身としての神を「権社の神」（権神）と呼んで区別している。

インド・チベットの伝統における三士の別（本書79～81頁）は、単なる制度ではなく、感覚が捉えたものを実体視する段階から空を理解する段階に至る過程であるため、日本の神仏関係を構造的に捉えるための図式にもなりうると考える。見通しを述べておくと、仏教の知が無自覚な生を照らし出すものであるため、無意識的、日常的なレベルほど神の要素が強いことが予想される。ここでは折口の所説を手がかりとして、浄土信仰を中心に神仏関係の諸相を見ていくことにしたい。

2 景観・年中行事と浄土信仰

山越阿弥陀図は、折口が指摘しているように、人間の世界の外に神々の世界がある（本書67〜69、162〜164頁）という考えに仏教の極楽浄土を重ね合わせたものである。この景観と結びついた世界観について、オギュスタン・ベルクは次のように指摘している。

「聖なるものの源泉、神々の起源の場は非居住域《エレーム》にある…。聖性は源泉からの距離に応じて、すなわち野性の空間の「奥」へと入り込む度合いに比例して高まっていく。相関的に、文化性と反比例して、ということになるだろう。…このように「奥」という観念は、聖なるものを自然へと指向させる一種の分極化作用を表わしている。…これに対応する別な分極化作用があり、この場合は海が多数の神々の起源の場とされる。二つの作用の対応関係は、言語のなかに、「奥」＝「沖」という対語で直接に表現されている。二つの語は、同じ語根に由来するのである。」（『風土の日本』筑摩書房）

街の中心部に教会があるヨーロッパとは異なり、日本では人間の世界の外が神々の世界とされ、人間世界から離れるほど聖性が高まると考えられている。その志向性を示すのが奥という言葉であり、山の奥《おく》と海の場合の沖《おき》は同じ言葉から生まれたものである。たしかに日本では街のはずれ、山の麓や海岸の磯に古い神社や寺が位置していることが多い。仏教以前の神まつりの構造は、このような景観として今も生き続けている。

『古事記』の黄泉国は本居宣長の研究以来、地下他界であると考えられてきたが、イザナキ・イザナミの物語の丁寧な読解により、坂の上に位置する山中他界であることが指摘されている。[3] 仏教の『倶舎論』の世界観では地獄は人々の住む閻浮提（南瞻部州とも）の地下に位置するとされるが、『日本霊異記』には急坂の上に閻魔の宮殿があるとするものがある（下巻二二、二三縁）。景観と結びついた世界観は強固なもので、書物によって新しい知識がもたらされても、それが世界観を根本から変えることはむつかしく、従来の世界観に重ねて理解される傾向があったことをこのことは示している。

観音菩薩の住処である補陀洛に渡ろうとして海に漕ぎ出す補陀洛渡海や、オホナムチ・スクナヒコナが岩になって一夜に海岸に押し寄せたという記録（『文徳天皇実録』斉衡三（八五六）年十二月条）のある茨城県大洗海岸の神社が『延喜式』では大洗磯前薬師菩薩神社と呼ばれていることなども、その例だろう。そもそも日本では地獄・極楽という言い方が一般にされているが、仏教では地獄は六道のひとつ、極楽は阿弥陀仏の仏国土で、基準がまったく異なるものが取り合わされている（対比するなら天と地獄、娑婆と極楽が正しい[4]）。これなども異なる説明づけのものが、どちらも死後の世界として受容されたためと思われる。

お盆も仏教行事とされているが、実際には仏教以前の死者のまつりに仏教的な説明づけを加えたものである（本書53～57、170頁）。折口信夫が『死者の書』の舞台とした当麻寺では、毎年「お練り」と呼ばれる行事がおこなわれている。これは当麻曼荼羅のある曼荼羅堂を極楽に見立て、そこから娑婆堂に橋をかけて二十五菩薩が中将姫を迎えに来るもので、かつて各地で盛んにおこなわれた来迎会の今に残る例だが、これもナマハゲの来訪などと同じものとして来迎を捉えたものと言えるかもしれない。

これらは柳田国男が言う「常民」の生活のサイクル（本書52〜53頁）で受容されているレベルであり、インド・チベットの伝統で言えば、感覚が捉えるものを実体視して疑わない下士の段階に相当するものである。このレベルにおいては、仏教的な説明がなされていても、実体は神信仰という場合が多いと思われる。

3　浄土への憧憬

これらと折口信夫が『死者の書』の主人公とした藤原南家の郎女の信仰は区別しなければならない。郎女は春分秋分の日の入りに「荘厳な人の俤」を見、ひたすらその俤を追い求めて経典の千部の書写をし、屋敷を抜け出して一晩中ひたすら歩いて当麻寺に至り、さらには蓮糸を織り上げるのだが、この追求の過剰さは、日常をはるかに超えている（以下の引用は、全集27／『死者の書・身毒丸』中公文庫による）。

「姫は、蔀戸《シトミド》近くに、時としては机を立てて、写経をしていることもあった。夜も、侍女たちを寝静まらしてから、油火《アブラビ》の下で、一心不乱に書き写して居た。…五百部を超えた頃から、姫の身は、目立ってやつれて来た。ほんの纔かの眠りをとる間も、ものに驚いて覚めるようになった。…八百八十部、九百部。郎女は侍女にすら、ものを言うことを厭うようになった。そうして、昼すら何か夢見るような目つきをして、うっとりと蔀戸《シトミド》ごしに、西の空を見入って居るのが、皆の目にたつほどであった。…

南家の郎女が、宮から召されることになるだろうという噂が、京・洛外に広がったのも、其頃である。屋敷中の人々は、上《ウエ》近く事《ツカ》える人たちから、垣内《カキツ》の隅に住む奴隷《ヤッコ》・婢奴《メヤッコ》の末にまで、顔を輝かして、此とり沙汰を迎えた。でも姫には、誰一人其を聞かせる者がなかった。其ほど、此頃の郎女は気むつかしく、外目《ヨソメ》に見えていたのである。」

『死者の書』における大津皇子と郎女に次ぐ第三の主要人物として、大伴家持がいる。家持は奈良の都で郎女の噂を聞き、話題にする存在だが、家持は郎女のことを次のように見ている。

「だが併し、あの郎女は、藤原四家の系統《スジ》で一番、神《カム》さびたたちを持って生れた、と謂われる娘御である。今、枚岡《ヒラオカ》の御神《オンカミ》に仕へて居る斎《イツ》き姫《ヒメ》の罷める時が来ると、あの嬢子《オトメ》が替って立つ筈だ。其で、貴い所からのお召しにも応じかねて居るのだ。……結局、誰も彼も、あきらめねばならぬ時が来るのだ。神の物は、神の物——。横佩家の娘御は、神の手に落ちつくのだろう。」

たしかに郎女は、前近代における神の女の素質を持った存在で、実際に大津皇子の霊に思いをかけられている。神に着せるための衣を織ることは、柳田国男が取り上げ（『日本の伝説』）、折口も論文

「水の女」で論じている、巫女のなす業である。『日本霊異記』中巻三三縁は、歌で噂され誰の求婚も受けなかった鏡作造の娘の万《よろづ》の子が鬼に食われたという話だが、郎女はこの万の子や、大勢の求婚をはねつけ、遂には天皇から求婚される『竹取物語』のかぐや姫に類する存在といえる。

『死者の書』では、このような郎女の過剰な思いに基づく行動が、外国から輸入された知識として入ってきた仏教を在来の信仰と結びつけ、受容していくさまが描かれているが、この折口の推測はおそらく正しい。日本で最初に出家したのは三人の尼とされており（『日本書紀』敏達天皇十三年是歳条）、神に仕える巫女が仏像をまつる存在になったと考えられるからである。

本書第一章3で他界がなぜ生まれたのかをめぐる折口の考察を紹介したが（67〜69頁）、人は今・ここにあるという制約から、その制約を離れた本来的世界を夢想する。それが他界の原初形態である「常世《とこよ》」である。そのような思いは、程度の差はあれ、意識を持つ人は誰しも抱くことがある。だからこそ、人は他界の物語に憧れる。しかし多くの人にとっては、そのような思いが生じてもそれは一時的なもので、ありえない空想として断念して、日常世界に戻っていく。神の女とは、そのような思いが過剰で、思い描く世界と日常世界が逆転し、思い描いた世界こそをリアルなものとして感じている存在である。それを昔の人はものに憑かれたと呼んだ。そのような過剰な思いに取り憑かれた存在が、まつり手として日常世界に位置づくこともある。万の子を取って食うような過剰さは、ナマハゲのような年中行事となり、反復される形で日常世界に取り込まれる。『死者の書』においても、経典書写を終えた郎女の失踪について、これは庶民のおこなう野遊びを真似たのだと考えて安心しようとするという話がでてくる。

「此時分になって、奈良の家では、誰となく、こんな事を考えはじめていた。此はきっと、里方の女たちのよくする、春の野遊びに出られたのだ。――何時からとも知らぬ、習《ナラワ》しである。春秋の、日と夜と平分《ヘイブン》する其頂上に当る日は、一日、日の影を逐うて歩く風が行われて居た。どこまでもどこまでも、野の果て、山の末、海の渚まで、日を送って行く女衆が多かった。そうして、夜になってくたくたになって、家路を戻る。此為来りを何時となく、女たちの咄すのを聞いて、姫が、女の行として、この野遊びをする気になられたのだ、と思ったのである。こう言う、考えに落ちつくと、ありようもない考えだと訣って居ても、皆の心が一時、ほうと軽くなった。」

しかし、過剰な思いがかならず反復しうるものとして日常生活に取り込まれるわけではない。『死者の書』においても、これは不安を解消するための気休めとして語られていることである。物語の後半、大伴家持は恵美押勝（藤原仲麻呂）と郎女について、次のような会話を交わす。

「横佩墻内の郎女は、どうなるでしょう。社・寺、それとも宮――。どちらへ向いても、神さびた一生。あったら惜しいものでおありだ。
気にするな。気にするな。気にしたとて、どう出来るものか。此は――もう、人間の手へは、戻らぬかも知れんぞ。」

実際、『死者の書』において、郎女は恵美押勝が予感しているように、日常世界には戻ってこない。過剰な思いに取り憑かれた者が日常世界の中に居場所を持つことができない時、流浪がはじまる。それが折口信夫が物語の原型と考えた、貴種流離譚である。

4――過剰な思いと流浪――物語の原型

貴種流離とは、直接には神や天皇の血筋の者が流浪し苦難することをいう。『伊勢物語』の主人公は東下りをして隅田川までやってきているし、『源氏物語』においても光源氏は須磨に蟄居する。『竹取物語』では月の都の人だったかぐや姫は、罪を犯したために人間世界に下されたのだと説明されている。折口信夫が注目する『丹後国風土記』逸文の奈具《なぐ》社の記事では、水浴びに降りた天女が老夫婦に羽衣を隠されて天に帰ることができなくなり、家は富んだが、その後追い出され、流浪したことを語っている。折口は物語は神とそれをまつる者の流浪の語りに起源があると考えている。

「我々の国に於て、異神の信仰を携え歩いた事は、幾度であるか知れない。古く常世神・八幡神の如きが見えるのは、神道の上にも、段々の変遷増加のあったことを示しているのだ。倭媛の如きも、実は日の神の教えの布教者として旅を続けた人であったのである。倭を出た神は、伊勢に鎮座の処を見出したのであった。此高級巫女から伺われる事実は、飛鳥・藤原の時代に既に、異教の村々を巡遊した多くの巫女のあったことである。豊受ノ神は丹波から移り、安善ノ神は出雲から来て居る。同時に、古代幾多の貴種流離譚は、一部分は、神竝びに神を携えて歩いた人々の歴史を語っているのである。天ノ日矛の物語・比売許曽の縁起は、史実と言ふより、蕃神渡来の記憶を語るものであろう。」（「相聞の発達」『古代研究』全集1）

神をまつる者の流浪の例としては、折口も挙げている、皇居にまつられていたアマテラスの力があまりにも強く、倭姫命がふさわしい場所を求めて各地を歩き、伊勢にたどり着いたという物語（『日本書紀』、『倭姫世記』）が思い浮かぶ。折口はこの旅については「みこともち」と同様教えを広める旅と捉え、一方、流離の物語については神自身の苦難と考えて、なぜ神が苦難しなければならないのかという方向で考察を展開し、神をまつる者の流浪という観点は掘り下げられなかった。

神の苦難をどう説明するかは、折口にとってもしっくりくる答えが得られなかったようで、同じ『丹後国風土記』逸文の奈具の社の物語について、『日本文学の発生　序説』（全集4）ではスナノヲのオホゲツヒメ殺害と重ねて、野垂れ死と穀霊への転生、晩年の論文「真間・芦屋の昔がたり」（全集六）ではアイヌの熊送りと重ねて、この世での苦難と死により神の世界での再生と、様々な説明づけを試みている。

しかし折口自身は掘り下げなかった神をまつる者の流浪という視点の方が、折口の他の所説や物語の性格とも整合すると思われる。他界が今・ここにあることの制約から解放されたいという欲求から生まれ、不死の世界を本来的世界として夢想するものだったとするならば、その世界こそがリアルなもの、そういう思いに憑かれた者が流離する展開はむしろ自然である。物語論としても、柳田が日本全国に物語の登場人物の伝説や墓があることから、語り手が登場人物の成れの果てとして語るのが物語の形式だったと推測していることとも整合する。(5)

書かれた物語においても、「祇園精舎の鐘の声…」ではじまる有名な『平家物語』の冒頭は、『平家物語』が平家一族が滅亡した時点から振り返って平家の栄華と滅亡を語る物語であることを示している。

「祇園精舎の鐘の声、諸行無常の響あり。娑羅双樹の花の色、盛者必衰の理をあらはす。おごれる人も久しからず、唯春の夜の夢のごとし。たけき者も遂にはほろびぬ、偏へに風の前の塵に同じ。…まぢかくは六波羅の入道前太政大臣平朝臣清盛公と申しし人の有様、伝へ承るこそ、心も詞も及ばれね。」（新日本文学古典全集『平家物語』小学館）

『平家物語』では壇ノ浦での一族滅亡後、助けられて京都に送られた建礼門院が訪ねてきた後白河法皇に平家の繁栄と滅亡を物語っている。これは『平家物語』の中の平家の物語りというべき巻で、「灌頂」巻と名づけられていることからも、特別な意味を持つ巻だったことがわかる。

5　物語の結末――過剰な思いの行方

このように考えていくと、「山越しの阿弥陀像の画因」における『死者の書』の解説に不自然なところのあることが浮かび上がってくる。折口は教説の中身が日本古来のものに置き換わることによって受容が果たされたというのだが、それは前述の景観や年中行事のような日常生活のレベルではいうことができても、郎女のような過剰な思いのレベルでも言うことができるのだろうか。折口は日まつりや野遊び、花摘みといった、女性が自然に入っていく事例を挙げるのだが、仏教の極楽往生が極楽への到達であるのに対し、それと対応するとされる日本古来の事例はまつりのような反復され日常生活に回収されたレベルのものである。極楽往生に対応するものが神信仰にあったとしたら、それは常世への到達でなければならないが、他界が今・ここへにあることの制約から空想され、現実と空想が逆転して、本来的な世界として思い描かれたものであるならば、常世に到達して終わるという結末はありえず、折口が物語論であれこれ解釈しているように、たどり着くことができずに野垂れ死ぬという終わり方しかありえないのではないだろうか。

『竹取物語』と並ぶ古い物語として、浦島の物語がある。『万葉集』などに載るものを見ると、現在私たちが知っているものとは若干異なり、亀を助けその恩返しとして龍宮に招かれるという要素がない。元々の物語では浦島（浦島子）は沖で釣をしていて大亀を釣り上げその亀が美女に変身し、結ばれている。恩返しは子供向けの話にするための改変なのである。海神の宮で暮らしていた浦島はある日、故郷の両親の許を訪れたいと言い出す。亀姫は必ず自分の許に帰ってくることを約束させ、そのしるしとして開けてはいけないという箱を渡す。浦島が戻ってみると、ほんのしばらくの間と思っていたのが信じられないほど月日が経っていて、両親もいなければ家もない。箱を開ければ元に戻るのではと箱を開けると、煙が立ちのぼり、浦島はたちまち老いて死んでしまった。亀は仙女であり、浦島の老いを止めるため、年齢をその箱に封じ込めていたのである。(6)もし海神の宮がすべてが満たされる世界常世であるならば、故郷に戻りたいという気持ちは起きないだろう。『万葉集』巻十六の歌の反歌では「常世辺に住むべきものを　剣刀《つるぎたち》己が心から　鈍《おそ》やこの君」と、せっかく常世に行くことができたのに戻ってきてしまった浦島の愚かさが歌われているが、それは戻ってしまったからこそ海神の宮が「常世」として観念されているのであり、本源的世界は、あくまでも憧憬の対象としてのみ存在するものなのである。

『竹取物語』は『源氏物語』の中で「物語の出来はじめの祖」と呼ばれており、実際、『伊勢物語』や『源氏物語』は竹取の物語の構造を様々に変えて作品の筋立てを作っていることが研究者から指摘されている。(7)『万葉集』巻十六に竹取翁の歌というものがあり、それは郊外で竹取の翁が九人の美女と出会い、女たちは翁をからかおうと呼び寄せて笑いものにするが、翁は仙女に近づいた罪を歌で償うといって巧みに歌をうたい、九人をたちまちなびかせてしまうという内容である。この歌と『竹取物語』が直接関係があるかはわからないが、古写本には『竹取翁物語』とするものがあり、竹取翁の物語として考えると、『竹取物語』では仙女にたとえられる九人の美女が月から来たかぐや姫になり、竹取翁は直接性的関係を持つのではなく、育ての親として結婚を勧める存在になり、次々に求婚者が挑戦して、話が展開していっていることが見えてくる（『竹取物語』の引用は岩波文庫）。

最初、世の男性はすべてかぐや姫に恋をしたのだが相手にされず（「世界のをのこ、貴なるも賤しきも、「いかでこのかぐや姫を得てしがな、見てしがな」と音に聞きめでてまどふ」〜「おろかなる人は、「ようなきありきは、よしなかりけり」とて、来ずなりにけり」）、残った五人の色好みに難題が出される。近代的な考えでは理解しにくいが、(8) 五人がとった偽物でごまかす、巧みな語りでだます、異国の商人から手に入れる、武力を用いる、翁の助言に従うというのは、この世のものならぬものを手に入れる神話的な方法だった。しかし誰も成功せず、最後にそれを聞いた天皇が求婚する（「多くの人の身をいたづらになして、あはざなるかぐや姫は、いかばかりの女ぞ…」）。折口信夫が指摘しているように、かつては男女は鶴女房などの異類婚姻譚に見られるように、自分とは異なる世界の存在として関係を持ったのであり、そのため歌という神とのコミュニケーションの手段が用いられ、そこでは男の求愛をいかに拒絶するかが女としての価値を上げると考えられていた。(9)『竹取物語』でも、かぐや姫は求愛を次々退け、男性の頂点である天皇を拒むことで、この世のものならなさを顕在化させる（「おのが身は、この国に生まれて侍らばこそ使ひ給はめ。いと率ておはしましがたくや侍らん」「きと影になりぬ」）。そして月に帰る今この瞬間あなたへの愛に気づいた（「今はとて天の羽衣きるおりぞ君をあはれと思ひいでける」）という歌を残して帰ってしまい、天皇はかぐや姫が残した月の世界の不死の薬を富士山頂で焼かせてしまう。かぐや姫に会えないなら不死の存在になっても仕方ないというのだが、ここでも浦島と同様、あったかもしれないチャンスを逸した話になっている。もしそれを飲んでいれば、仙人になって月に通うことができたかもしれないのである。

『竹取物語』は「今は昔、竹取の翁といふ者ありけり」という、「今」から振り返って見た「昔」の出来事を物語るという構造になっているが、その「今」とは物語の終わりで「その煙いまだ雲の中へ、立ち上りたるとぞ言ひ伝へたる」と語られる、かぐや姫が月に帰り富士山頂で不死の薬を焼く煙が燃え続けている（当時富士山は活火山だった）時点を指す。『竹取物語』はかぐや姫という不死の月の都の存在を手にいれそこねた時点から振り返る物語なのである。

そもそも、本源的世界に到達して終わるのであれば、登場人物の成れの果てが語るという物語の形式自体が成り立たないだろう。

そういう目で見てみると、『死者の書』では、郎女が見たビジョンについてはたびたび描写されて、それが次第に明確になって極楽からの来迎を幻視することもまで書かれているにもかかわらず、最後の場面では、伝説では中将姫の往生が語られているにもかかわらず、はっきりそうとは描かれていないことが気になってくる。

「郎女《イラツメ》が、筆をおいて、にこやかな笑《エマ》いを、円く跪坐《ツイイ》る此人々の背におとしながら、のどかに併し、音もなく、山田の庵堂を立ち去った刹那、心づく者は一人もなかったのである。まして、戸口に消える際《キワ》に、ふりかえった姫の輝くような頬のうえに、細く伝うもの、あったのを知る者の、ある訣はなかった。姫の俤びとに貸す為の衣に描いた絵様《エヨウ》は、そのまま曼陀羅の相《スガタ》を具えて居たにしても、姫はその中に、唯一人の色身《シキシン》の幻を描いたに過ぎなかった。併し、残された刀自・若人たちの、うち瞻《マモ》る画面には、見る〳〵、数千地涌《スセンジユ》の菩薩の姿が、浮き出て来た。其は、幾人の人々が、同時に見た、白日夢《ハクジツム》のたぐいかも知れぬ。」

これは往生を果たすということが折口の中で実感を持って捉えられていなかったからではないだろうか。外来の信仰が古来のものに置き換えられることによって受容されるという「山越しの阿弥陀像の画因」における作者自身の説明とは裏腹に、『死者の書』では神信仰が成り立たなくなりつつあった時代であることが示されている。郎女に大津皇子の事を語る当麻の語部の嫗は、氏の語り部の「亡び残りの一人」とされ、もはや笑いの対象とされ語りに真剣に耳を傾ける者はいなくなっている。郎女を連れ帰ろうとする藤原南家の家長老と結界を破った以上贖いの物忌みが必要だとする寺方の間にはいり、「其は、寺方が、理分でおざるがや。お随いなされねばならぬ」と口を挟むが、誰も相手にせず、柱に縋って抵抗するのをつまみ出されてしまう。

「もう、世の人の心は賢しくなり過ぎて居た。独り語りの物語りなどに、信《シン》をうちこんで聴く者のある筈はなかった。聞く人のない森の中などで、よく、つぶ〴〵と物言う者がある、と思うて近づくと、其が、語部の家の者だったなど言う話が、どの村でも、笑い咄のように言われるような世の中になって居た。当麻《タギマ》語部《ノカタリベ》の嫗なども、都の上臈《ジョウロウ》の、もの疑いせぬ清い心に、知る限りの事を語りかけようとした。だが、物違った氏の語部なるが故に、追い退《ノ》けられたのであった。」

その語部の嫗が郎女に語って聞かせようとする大津皇子の霊も、郎女の許は訪れて夢の中で一体化を果たすものの、郎女の夕日に見た俤人の姿に吸収されてしまい、子を儲けて自分の名を伝えたいという思いが果たされることのないまま作品から姿を消している。折口はメレジュコーフスキイ『背教者じゅりあの――神々の死』に強い影響を受けたというが、舞台となっているのはまさに「神々の死」の時代なのである。

このような時代を象徴しているのが、第三の主要人物である大伴家持である。家持が最初に登場するのは、それまでの石城を引き回した屋敷に替わって築土垣に囲まれた屋敷が建てられつつある奈良の都である。家持は中国の文化に惹かれる一方、神代以来の大伴氏の氏上という立場でもあり、伝統にも新しい文化にも自分の拠り所を持つことができない人物として描かれている。それは俤人をひたすら追い求めて行動し、古来の信仰と新しい仏教を接合させる郎女とは対象的である。折口は「山越しの阿弥陀像の画因」で『死者の書』を「私共の書いた物は、歴史に若干関係あるように見えようが、謂わば近代小説である。併し、舞台を歴史にとっただけの、近代小説というのでもない。近代観に映じた、ある時期の古代生活というものであろう」と述べている。折口と作中人物との関係については、「何とも名状の出来ぬ、こんぐらかったような夢をある朝見た。そうしてこれが書いて見たかったのだ。書いている中に、夢の中の自分の身が、いつか、中将姫の上になっていたのであった」という発言があまりにもよく知られ、直感的と評される学風ともあいまって、郎女＝折口のように思われているが、それとは対照的な、伝統にも新しい外の文化にも拠り所を求めることができない家持像も、近代人としての折口の半面なのだと思われる。

「山越し阿弥陀像の画因」で折口が述べていることは、『死者の書』の半面でしかない。神信仰に置き換わることによって新しい仏教の知が日本に定着したということだけではなく、力を失いつつあった古代からの信仰が新しい知と結びつくことによって新たな意義を持ったという面も、『死者の書』の中でははっきり意識して描かれているのである。郎女は、夕日に俤人の姿を見て経典を書写し失踪する前から仏教の書を好み書写していた女人として描かれている。彼女は伝統的な信仰と比べた仏教の知の魅力について、『死者の書』のなかで次のように述懐している。

「其からと言うものは、来る日もくる日も、此元興寺の縁起文を手写した。内典・外典其上に又、大日本《オオヤマト》びとなる父の書いた文。指から腕、腕から胸、胸から又心へ、沁みじみと深く、魂を育てる智慧の這入って行くのを、覚えたのである。

大日本《オオヤマト》日高見《ヒタカミ》の国。国々に伝わるありとある歌諺《ウタコトワザ》、又其旧辞《ソノモトツゴト》。第一には、中臣の氏の神語り。藤原の家の古物語り。多くの語り詞《ゴト》を、絶えては考え継ぐ如く、語り進んでは途切れ勝ちに、呪々《ノロノロ》しく、くね〱しく、独り語りする語り部や、乳母《オモ》や、嚼母《ママ》たちの唱える詞が、今更めいて、寂しく胸に蘇って来る。おお、あれだけの習しを覚える、ただ其だけで、此世に生きながらえて行かねばならぬみずからであった。

父に感謝し、次には、尊い大叔母君、其から見ぬ世の曾祖母の尊に、何とお礼申してよいか、量り知れぬものが、心にたぐり上げて来る。だがまず、父よりも誰よりも、御礼申すべきは、み仏である。この珍貴《ウズ》の感覚《サトリ》を授け給う、限り知られぬ愛《メグ》みに充ちたよき人が、此世界の外に、居られたのである。郎女は、塗香《ズコウ》をとり寄せて、まず髪に塗り、手に塗り、衣を薫るばかりに匂わした。」

俤人を追い求める郎女は確かに在来の本源的世界への思いに憑かれる神の女と重なるものだが、仏教以前においてその本源世界への思いはその世界への到達という形で終わることはなかった。したがって極楽往生＝此世界の外の存在として観念されている仏の知の獲得も、単に追い求めた結果として獲得したという単純な形をとるのではないことが推測される。本書第二章[3]で取り上げた親鸞が、形ある浄土である化土と形なき限りない光の報土を区別したのも、この点に関わると思われる。

6　真の浄土と仮の浄土――親鸞の浄土信仰

『死者の書』において、郎女は万法蔵院に降りてくる仏たちのビジョンを見、後にそれを蓮糸で織りあげた布の上に描く。

「男嶽《オノカミ》と女嶽《メノカミ》との間になだれをなした大きな曲線《タワ》が、又次第に両方へ聳《ソソ》って行っている、此二つの峰の間《アイダ》の広い空際《ソラギワ》。薄れかかった茜の雲が、急に輝き出して、白銀《ハクギン》の炎をあげて来る。山の間《マ》に充満して居た夕闇は、光りに照されて、紫だって動きはじめた。

そうして暫らくは、外に動くもののない明るさ。山の空は、唯白々として、照り出されて居た。

肌　肩　脇　胸　豊かな姿が、山の尾上《オノエ》の松原の上に現れた。併し、俤に見つづけた其顔ばかりは、ほの暗かった。

今すこし著《シル》く　み姿顕したまえ――。

郎女の口よりも、皮膚をつんざいて、あげた叫びである。山腹の紫は、雲となって靉《タナビ》き、次第次第に降《サガ》る様に見えた。

明るいのは、山際《ギワ》ばかりではなかった。地上は、砂《イサゴ》の数もよまれるほどである。

しずかに　しずかに雲はおりて来る。万法蔵院の香殿・講堂・塔婆・楼閣・山門・僧房・庫裡、悉く金に、朱に、青に、昼より著《イチジル》く見え、自《ミズカ》ら光りを発して居た。

庭の砂の上にすれすれに、雲は揺曳して、そこにありありと半身を顕した尊者の姿が、手にとる様に見えた。匂いやかな笑みを含んだ顔が、はじめて、まともに郎女に向けられた。伏し目に半ば閉じられた目は、此時、姫を認めたように、清《スズ》しく見ひらいた。軽くつぐんだ脣は、この女性《ニョショウ》に向うて、物を告げてでも居るように、ほぐれて見えた。

郎女は尊さに、目の低《タ》れて来る思いがした。だが、此時を過してはと思う一心で、御《ミ》姿から、目をそらさなかった。
あて人を讃えるものと、思いこんだあの詞が、又心から迸り出た。
なも　阿彌陀ほとけ。あなとうと　阿彌陀ほとけ。
瞬間に明りが薄れて行った。まのあたりに見える雲も、雲の上の尊者の姿も、ほのぼのと暗くなり、段々に高く、又高く上って行く。姫が、目送する間もない程であった。忽、二上山の山の端《ハ》に溶け入るように消えて、まっくらな空ばかりの、たなびく夜になって居た。」

「郎女は唯、先《サキ》の日見た、万法蔵院の夕《ユウベ》の幻を、筆に追うて居るばかりである。堂・塔・伽藍すべては、当麻のみ寺のありの姿であった。だが、彩画《タミエ》の上に湧き上った宮殿《クウデン》楼閣は、兜率天宮《トツテングウ》のたたずまひさながらであった。しかも、其四十九重《シジュウクジュウ》の宝宮の内院《ナイイン》に現れた尊者の相好《ソウゴウ》は、あの夕、近々と目に見た俤びとの姿を、心に覓《ト》めて描き顕したばかりであった。」

ここで郎女の描いたものが兜卒天の内院に譬えられているように、『観無量寿経』『阿弥陀経』に描かれ、人々がそこに到達したいと願う極楽浄土は、美しい楼閣があり鳥の囀り声のする、感覚的な快楽を最大限に満たす天界のごとき場所である。そのような私たちの想像力を最大に発揮した世界と、仏の知を真に理解しえた世界とは異なる。前者はあくまでも後者を導くための方便の世界、化土であって、真の浄土である形のない無限の光である報土とは異なるというのが、親鸞の理解だった。

もちろん仏教の理論からすれば、天の世界は輪廻の内であって仏国土である浄土とは異なる。しかし輪廻からの解脱を求める中士の段階では、まだ空を理解していないのだから、求めている先が天なのか仏国土なのか、その違いを真に理解できない。仏教の側の言い方では、外道は輪廻の中の幸せを最高と考えていて出離の心がないとされるが、インドの非仏教徒の間でも解脱は説かれ、ただそれは三昧によって達成されるものとされていて、それは解脱ではなく色界や無色界の禅定であるというのが仏教側の主張だった。そのため、形ある思い描かれ憬れられる浄土は、真の浄土への媒介となりうるものではあるが、浄土そのものとはいえないという微妙な位置づけになってくる。親鸞が書簡において善導の教えとして次のように説くのも、このような形ある浄土の微妙さに関わっているだろう。

「まことの信を定められてのちには、弥陀のごとくの仏、釈迦のごとくの仏、そらにみちみちて、釈迦のをしへ、弥陀の本願はひがごとなりと仰せらるとも、一念も疑あるべからず。」（『血脈文集』二、『浄土真宗聖典（註釈版）』所収）

実際、平安時代末の仏教説話集『今昔物語集』には、ひたすら念仏を唱えていた僧が天狗の作り出した来迎のビジョンにだまされてしまう説話がある（巻二〇第十二）。親鸞が『教行信証』化身土巻で、方便としての形ある浄土について説いた後に、長々と外道（異教徒）の間違った教えについて説いているのは、そのためもあるだろう。

親鸞の他力念仏は頓悟に分類される教えであり、そのような、一気に仏教の核心に辿りつく教えで悟ることができるのは、きわめてわずかの人でしかない。それを補完する形で機能していたのが、折口信夫が『死者の書』で描いた、本源的世界へたどり着きたいという衝迫で、それは仏教以前の神信仰の神の女、過剰なる思いに憑かれた者のあり様である。仏教伝来当初から神の世界だった山や海で修行をして神通力を得ようとした修行者はいたのであり、それを制度化して頓悟こそが時代相応の教えだとしたのが、日本天台宗の開祖である最澄だった。

そのため、仏教の側からするならば、神の信仰は、仏教の悟りへの媒介を果たすものとそうではないものに分けられる。前に触れた親鸞の玄孫存覚が『諸神本懐集』で論じた権社の神（権神。輪廻を解脱した仏菩薩の化身の神）・実社の神（実神。仏教では輪廻の中の存在とする神々）の別がそれであり、仏教側からは後者は否定されるものとなる。しかし実際の信仰ではそう簡単にはいかない。実体的な幸せを望む者が空の悟りを望む者よりも圧倒的に多いのが人間というものであり、中世の仏教系の神々の信仰の実態を紹介する山本ひろ子『異神』（平凡社）は、弁才天や大黒天の信仰において、権神として祈るよりも実神として祈った方が願いの実現が早いとされていたことを指摘している。[10]

折口信夫が明確に論じなかった、本源的世界への過剰な思いが流浪を生み、それが物語られることと、それを超えた仏教の知の関係が、過去を物語る亡霊とそれを聞く旅の僧の二人の関係として表現されているのが、次節で取り上げる世阿弥の夢幻能である。

（1）佐藤弘夫「「神」と「仏」の重層性？」『日本思想史ハンドブック』新書館所収。

（2）高田良信『法隆寺の謎と秘話』小学館ライブラリーを参照。

（3）佐藤正英「黄泉国の在りか」『現代思想』一九八二年九月臨時増刊号。

（4）中村元『往生要集を読む』講談社学術文庫を参照。

（5）柳田国男『女性と民間伝承』柳田全集10、『物語と語り物』柳田全集9など。

（6）三浦佑之『浦島太郎の文学史』五柳書院を参照。

（7）今井源衛『源氏物語の思念』笠間書院など多数。『竹取物語　伊勢物語必携』学燈社を参照。

（8）市川崑監督（映画）『竹取物語』を見ると、逆説的にこの物語を現代人の価値観・心情で理解することのむつかしさがわかる。

（9）折口信夫「国文学の発生（第一稿）」「古代生活に見えた恋愛」『古代研究』折口全集1、「枕草紙解説」折口全集15、『日本文学啓蒙』折口全集23。大岡信『うたげと孤心』岩波書店も参照。

（10）同様の区別はチベットにも存在し、「出世間の神」と「世間の神」と呼ばれ、後者は仏教に帰依した者は帰依の対象としてはいけないとされている。しかしその強力な力に期待するものがいるのも中世日本とまったく同様で、ダライ・ラマ法王はチベット人に対してことあるごとに後者の信仰が仏教の教えに反すること、長い目で見た時に信仰する本人自身のためにならないことを説いている。

3 語りと成仏――夢幻能の世界

1 折口信夫の「もどき」説

折口信夫は芸能の本質を「もどき」に見ている。芸能は神事における神と精霊の対立に起源があり、新しくやってきた外来の神に対して土地の精霊が抵抗し服従するさまが「もどき」であり、「もどき」には反対・まぜかえし・説明・副演など多義的な意味合いが込められている。一般には、能で神聖視される翁の白式尉の「もどき」が黒式尉、翁の「もどき」が脇能、脇能の「もどき」が他の一般的な能という説として知られているが、折口の説はもっと複雑で、田楽能が猿楽能に先行し、田楽の本芸である中門口がまれびとの来訪を演じたものであり、それに対して猿楽方が「もどき」を演じたのが黒式尉で、後に猿楽が独立して能を演じるようになった際、中門口に代わるものとして白式尉が演じられるようになったというものである。(1) 中世にはこっけいな芸を演じていた猿楽のおこなう猿楽能と軽業的な芸を演じていた田楽のおこなう田楽能が存在したが、現在の芸能史研究では田楽能が猿楽能に先行するという説は否定されている。実証的には折口の説は成り立たないのだが、いまだに広く知られているのは、それが能のもつある本質を突いているからだと思われる。

現在の研究では、能の起源は古代の大寺社でおこなわれていた修正会《しゅしょうえ》・修二会《しゅにえ》にあると考えられている。修正会・修二会は正月・二月におこなわれる、罪を懺悔して一年の泰平を祈る行事で、有名な東大寺のお水取りは東大寺二月堂の修二会である。そこでは僧を率いて祈りの中心になる大導師のほかに、呪師と呼ばれる存在が大きな役割を果たし、祈りを妨害しようとする魔を呪法によって鎮める。平安後期になると、修正会・修二会の最後（結願）の日に、中国から取り入れられた魔を払う儀礼である追儺《ついな》がおこなわれ、仏教の守護神が鬼を追う様が演じられた。これは大寺社のスポンサーが朝廷から貴族に代わり、彼らに見せるために呪師が魔を払う様を実際に見える形で演じたもの（外想）である。この追儺が民間に広まって新春の前日におこなわれるようになったのが節分の豆まきで、能と豆まきはルーツを等しくしているのであり、共に面を用いるのはその名残りである。追儺はチベットの宗教舞踊チャムにも影響を与えており、アジアの宗教芸能の一大源流となっている。

世阿弥の『風姿花伝』の第四神儀は神代・仏在所・日本国・平の都における能の始まりについて説いているが、仏在所（天竺）起源譚として、（日本では寺院の起源のように考えられた）祇園精舎を寄進された釈尊が教えを説こうとした際、提婆達多が一万人の外道（異教徒）を連れて妨害を図り、仏弟子の舎利弗が「後戸」(2)で六十六番の物まねを演じて外道を鎮め、教えを無事説くことができたことを説いている（以下、世阿弥能芸論の引用は日本思想大系『世阿弥　禅竹』岩波書店による）。

「仏在所には、須達《しゅだつ》長者、祇園精舎を建て、供養の時、釈迦如来、御説法ありしに、提婆《だいば》、一万人の外道を伴ひ、木の枝・篠《ささ》の葉に幣《しで》を付て踊り叫めば、御供養のべがたかりしに、仏、舎利弗《しゃりほつ》に御目を加へ給へば、仏力を受け、御後戸《うしろど》にて、…六十六番の物まねをし給へば、外道、笛・鼓の音を聞きて、後戸に集まり、是を見て静まりぬ。」（『風姿花伝』第四神儀）

これは実際に能の起源がインドにあるということではなく、寺院でおこなわれていた追儺が釈尊の時代のインドに投影されたものである。猿楽者の祖とされる秦河勝が毘沙門天の化身とされ（『風姿花伝』第四神儀　日本国起源譚）、その直系の子孫とされる円満井座（金春流）が毘沙王家を名のっていたのも、追儺において鬼を追い払う毘沙門天を猿楽が演じたことの反映だろう。最初は追われる鬼の側を演じるために猿楽が追儺に関わるようになったという推測もあるが[3]、そうであればなおさら、追う側の毘沙門天を演じることは寺院に服属する猿楽にとって特権と感じられることだったに違いない。

室町時代に京都に進出して能を大成した観阿弥（一三三三〜一三八四）・世阿弥（一三六三?〜一四四三?）父子は奈良の多武峰妙楽寺（神仏分離により現在は談山神社）や興福寺に参勤する座（大寺社に従属する専門家集団）の出身だった。世阿弥が能を大成したため、かえって世阿弥以前の宗教芸能の実態は不明なところが大きいのだが、おそらく追儺の演技にストーリーがついたようなもの（現行の演目でいえば『葵上』）を演じていたのではないかと思われる。現在興福寺でおこなわれている薪能は、猿楽の座が参勤していた薪の神事を今に伝えるものである。薪能は、春日大社でおこなわれる「呪師走り」と呼ばれる独特な翁からはじまる。この翁には「走り」の芸はないが、この名称は能が呪師の芸に由来することを示している。翌日興福寺でおこなわれる能は、江戸時代に新たに創設された喜多流を除く観世・宝生・金春・金剛の四座が演じるが、演じられる演目は能楽堂で演じられているものと変わらない。薪能が春日大社と興福寺にまたがっておこなわれるのは、神仏分離以前はその二つが一体のもの（宮寺と呼ばれていた）だったためである。

大胆に推測すると、春日大社における翁は、大和国（奈良県）の荘園領主でもあった興福寺＝春日大社における祭礼にローカルな神々（折口のいう精霊）が集まり寿ぐ内容で、興福寺における演能は興福寺＝春日大社に従わない神々（仏教から見るならば悪鬼）を鎮める内容だったのではないだろうか。翁が白式尉と黒式尉からなるのは元の形ではなく、春日大社の翁には今日ではおこなわれなくなっている父尉・延命冠者が残っている。詞章から釈尊とその父を演じたものと思われるが、その面は行道面のような仏の面ではない。神聖視される翁の詞章も、俗っぽい今様などを用いたものであり、「総角《あげまき》や…」は少年少女が寝返りを打つたびに近づき一緒になったという性的な内容である。黒式尉が白式尉の「もどき」なのではなく、そこでおこなわれる様々な芸能すべてが、ちょうど『鳥獣戯画』や『百鬼夜行絵巻』で動物や妖怪が人間の様をまねているのと同様の、ローカルな神々による法要の「もどき」だったのではないだろうか。(4) 猿楽者は鎮める者を担っていることを誇るが、実は鎮められる側に近い存在であり、『風姿花伝』第四神儀においても、神代における能の起源とされる「榊の枝に幣を付て、声を上げ、火処焼、踏み轟かし、神憑りすと、歌ひ舞奏で給ふ」という天の鈿女の姿と、仏在所起源譚で鎮められる外道の「木の枝・篠の葉に幣を付て踊り叫」ぶ姿は極めて類似している。日本国起源譚で聖徳太子の命で六十六番の猿楽をおこなった秦河勝が「うつほ舟」に乗ってに播磨国（兵庫県）坂越の浦に漂着し、人々に憑き祟ったとされているのも、鎮める側と鎮められる側が実は同質の存在であることを示している。(5)

折口信夫の「もどき」説は、このような神仏関係、支配者である仏教側に対するローカルな神々の両義性を示したものとして捉えなおすことができる。中世には様々な芸道が寺院から生まれたが、それらの多くは能と同様の両義性を備えている。華道は仏像への供花が発展したものだが、その花は仏教以前の信仰において神の依り代とされていた。作庭は寺院における浄土庭園や禅宗寺院の枯山水として発展したが、元々は神の出現する場、斎庭《ゆにわ》を仏教寺院が取り込んだものである。芸道論『作庭記』においては、庭石の設置（石を立てること）が重要な意味を持っており、石の立て方を誤ると祟りをなすことが論じられているが、これは庭石が神の出現する場における磐座《いわくら》（それを伝わって神がこの世に出現する岩組み）に起源を持つためである。仏教は在来の神信仰を取り込んだが、それによって神信仰は吸収され消滅してしまったわけではなく、仏教の信仰においてもその力は必要とされ、時には仏教の枠組みから逸脱する力を秘めていた。その力が原動力となって、様々な芸道を生み出したのである。

2 世阿弥の夢幻能

そのような宗教芸能を事とする観阿弥・世阿弥父子が京都に進出して出会ったのは、彼らの想像を絶することだった。世阿弥は『風姿花伝』第二物学《ものまね》条々で鬼の演目について、次のようなきわめて屈折した論を展開している。

「是、ことさら大和の物也。一大事也。…まことの冥途の鬼、よくまなべば恐ろしきあひだ、面白き所更になし。まことは、あまりの大事の態《わざ》なれば、これを面白くする物、稀なるか。…抑《そもそも》、鬼の物まね、大なる大事あり。よくせんにつけて、面白かるまじき道理あり。恐ろしき所、本意なり。恐ろしき心と面白きとは、黒白の違ひ也。されば鬼の面白き所あらん為手《して》は、極めたる上手とも申べきか。さりながら、それも、鬼ばかりをよくせん物は、ことさら花を知らぬ為手なるべし。」（『風姿花伝』第二物学条々）

鬼は世阿弥の所属する大和猿楽の「一大事」、極めて重要なレパートリーだが、リアルに演じても恐ろしいだけで、観客の感動（面白）を呼ばない。それは鬼の本質が恐ろしさであってそれは感動（面白）とは正反対のものだからであり、であるからこそ、鬼を演じてかつ感動（面白）を呼ぶ演者は「究めたる上手」と言うべきだろうが、だからといって鬼ばかりを演じる者は「花」を知る演者とはいえない。――これは宗教芸能と観客に対して演じる芸能の本質的な違い、同じ演技をおこなっても反応がまったく異なることからくる。折口信夫『日本芸能史六講』が注意を促しているように、芸能において観客は本来的な存在ではなく、芸能の起源であるまつりにおいては、参加者がすなわち演じ手でもあって、観客は存在しない（本書60～61頁で触れたようにカラオケやコンパ芸を考えるとよい）。宗教芸能においては、鬼を演じるには、鬼の面と衣裳を着けて決まった所作をおこなうことが大切であり、演技の上手下手ということは本質的な問題ではない。しかし観客相手ではまったく事情が異なる。ここで言われている鬼は「まことの冥途の鬼」、すなわち亡者を責める地獄の鬼、追われる鬼ではなくそれを追う側の仏教守護神に類する演技を指しているが、鬼の姿で決まった演技をおこなうだけでは鬼の面を着けた人としてしか見てもらえず、といって演技を磨いてリアルに演じたら演じたで、恐ろしいと観客から身を引かれる。さらに工夫して鬼を演じてかつ感動を呼ぶことができたとしても、そればかりを演じていては、飽きられてしまう。観客に対して演じる芸能というジャンルが自明のものとなっている現在では当たり前のことであるが、パイオニアである観阿弥・世阿弥父子にとっては驚愕の事態であったに違いない。世阿弥晩年の聞書『申楽談儀』によれば、他派も京都進出を試みたが、それらは祭礼の延長で演技を考えていて、衰退していったという。観阿弥は大男だったが変幻自在の演技が可能で（『申楽談儀』）、芸尽くしをおこなう『自然居士《じねんこじ》』や曲舞々が主人公の『嵯峨の大念仏の女物狂いの物まね』（散逸曲）など、観阿弥所演の演目を見ても、演技の多様さがそのような状況を乗り切る力となっていたようである。それに対して世阿弥は、能の自作を主張し、それを演じるための体系的な稽古論を作り上げた。それが夢幻能とそれを演じるための二曲三体を核とした稽古論である。

夢幻能は次のようなストーリーを持つ。——舞台に旅の僧（ワキ）が登場し、ある土地に着く。そこに土地の者（前シテ）があらわれて、かつてその土地で起きた出来事を物語り、最後に自分がその物語の登場人物の霊であることを示唆して姿を消す。夜、僧の夢の中に亡霊（後シテ）がかつての姿であらわれ、自分の生と死を振り返って思いを歌い舞い、弔いを願いつつ、あるいは弔いに感謝して姿を消すと、ちょうど夜明けで夢はさめ、能は終る。

このようなストーリーの背景として、実際にこのような旅する僧が霊の鎮魂に関わっていたことが指摘されている（本書170～171頁で触れた『日本霊異記』下巻十六縁の寂林法師など[6]）。能『実盛《さねもり》』は世阿弥が能作論『三道』で「軍体の能」（武将の能）の例曲として挙げている自信作で、古戦場で踊念仏をおこなった遊行上人の前に斎藤実盛の亡霊が出現したという当時の噂に触発された作品であることがわかっている（後述）。

このような夢幻能を演じるための体系的稽古論は次のようなものである。まず世阿弥は少年時代に具体的な演技をおこなうことを禁じ、徹底して歌と舞の二曲のみを稽古することを義務づける。そして成年となったら具体的な物まねを演じるのだが、その時も老人（老体）・女性（女体）・武将（軍体）の三体に限定し、かつクライマックスでは幼少から徹底して訓練した舞と歌を必ず演じるべきであると説く。

「習道の入門は、二曲・三体を過ぐべからず。二曲と申は舞歌なり。三体と申は物まねの人体也。先《まづ》、音曲と舞とを、師に付て、よく〳〵習ひ極めて、十歳ばかりより童形の間は、しばらく三体をば習ふべからず。…さて、元服して、男体になりたらんよりは、既《すでに》面をかけ、姿を品々になし変へて、その似せ事多かるべけれども、なをも、まことの上果の芸風に至るべき入門は、三体のみ也。老体・女体・軍体、是三也。…此三をよく〳〵習ひ極めて、さて、童形より習ひ覚えつる舞歌の二曲を、品々にわたして事をなすならでは、別の曲道の習ひ事あるべからず。」（『至花道』）

これは観客に対して演じた時に直面した、重要なレパートリーである鬼が喜ばれないという問題への見事な解決法になっている。世阿弥は鬼の演技から猿楽者にとって特権として意識されていた冥途の鬼（力動風鬼）をあえて排除し、妄執を抱く亡霊（砕動風鬼）に限定して、その思いを舞台で語らせて、観客が共感できるものとした。次にその演技としては三体に限定し、さらにそのクライマックスには幼少から訓練した二曲（舞・歌）という、「舞を、舞い、舞に舞はれて…」（『二曲三体人形図』）、「声をつかい、声につかわる、…」（『五音曲条々』）と形容される、自分の意志的動作を離れた面を持つ演技を必ず演じて、ひとつひとつを最初から役作りするのではなく、前の演目の稽古が次への蓄積となるようにして、人間ならざるものを観客に実感させる技量を確保した。では、最後の同じ演技では飽きるという問題についてはどうなのかというと、演技は老体・女体・軍体の三種類しかなく、さらにクライマックスはいつも同じ歌と舞であるのだが、前半で前シテが物語を語り、後半に僧の夢の中に姿を現すというストーリーを作り上げることによって――同じ女性の演技でも和泉式部の物語を語って後半登場すれば和泉式部、静御前の物語を語って後半登場すれば静御前の亡霊に見える――別存在であるかのように錯覚させることができる。世阿弥『風姿花伝』第二物学条々で唐事（中国人）の演技について注意を促しているように、「物まね」とは観客にそれらしく感じさせることであって、実際にリアルに演じる必要があるわけではないのである。(7)

3　夢幻能におけるワキの役割

ユング派の心理療法家だった故・河合隼雄は、夢幻能について白洲正子との対談で次のように述べている。(8)

河合「…「夢幻能」の場合、前シテと後シテとがありますね。そうすると私の仕事に引きつけて思うのは、前シテであらわれるところというのは、要するに、私はノイローゼで困っていますといって患者があらわれるところです。それをワキがずっと聞いておったら、後で「じつは」というのが出てくるわけです。「じつは私は、なにを隠そう」というのが出てきて舞うわけでしょう。そして終わる。その間ワキが何をしておったかというと、そこにいただけなんですね。」

白洲「でもいなくちゃいけないの（笑）。」

河合「いなかったら話にならない。それで私のやっている仕事とすごく似ていると思うのです。それで、前と後に分けているところがまたすごいですね。つまりどんな人でもほんとは後シテで舞うようなものを持っているのですが、それが自分ではわからないのですね。」
白洲「ええ、そうです。」
河合「初めは、やっぱり私はノイローゼだとか、私はだめだとか、問題があるとか思っているのですが、ほんとはその背後にすごいものがあって、それはその人に舞ってもらうより仕方がない。その間、僕は座って見ているより仕方がない。初めのあたりに少しは問答をしますがね。それで下手な人ほどシテがしたくなってきて、ワキのくせに正面向いておったり、踊りに行ったりするわけですよ（笑）。」
白洲「よくそういう人がお能でもおりますわよ。先生がおっしゃるように、お能は一段のものもありますが、ふつうは二段なんです。舞台で装束をつけかえたりして一段でするときもあるのですが、よく見れば必ず二段に分かれる。」
河合「それで後のほうが本質というか、その人の味を……。」
白洲「そうなんです。だから必ず後シテでは「まことの姿をあらわす」というのですよ。」
河合「私なんかはまことの姿をあらわしてもらうためにいる仕事をしているわけですから、もうまさにワキそのものですね。能はそれを一つの芸術としてやっているわけですね。」

夢幻能においてワキの僧は多くは旅の僧と名のるだけで、その経歴やどのような力量の持ち主かが具体的に語られることはほとんどない。しかし世阿弥が夢幻能の様式を作り上げる以前の、父親の観阿弥の人気演目だった『自然居士』やそのライバルであった近江猿楽の犬王道阿弥の演じた『葵上《あおいのうえ》』

を見ると、能における霊を鎮める僧の性格が見えてくる。『葵上』は『源氏物語』に題材をとった能で、葵上を悩ます六条御息所の霊（原作では生霊だが、能でははっきりそう書いてはいない）を横川小聖が鎮める場面が見せ場になっており、題材こそ『源氏物語』にとっているが、内容的には追儺の延長上にある能である。そこでは修行に籠もっていた横川小聖が請われて山を降り、五大明王を祈り降ろして霊の調伏をおこなっており、修正会・修二会における呪師的存在であることがわかる。観阿弥所演の『自然居士』は実在の禅僧を主人公にした能で、勧進をおこなう有髪の自然居士に娘が自分の身を売って用立てた衣を布施して亡父母の供養を頼むが、娘は人買いによって連れ去られてしまう。事情を察した自然居士は説法を直ちに打ち切って追いかけ、琵琶湖畔で追いついて、人買いが腹いせに芸尽くしを次々要求するのに耐えて応じ、娘を連れ帰る。この能では守護神が鬼を追うことが自然居士が人買いを追うことに変奏されているが、現行の形にはない自然居士が自己の来歴を語る謡があったことが、世阿弥能芸論の引用で知られている。

「われはもと隠遁《いんとん》国の民なり、此内に法界舎と云家あり、禁戒を垣として悪しき友をば近づけず、さればかく身を捨て果てば、静かなるを友とし、貧を楽とすべき、隠遁のすみか、禅観の窓こそ望む所なれども。たゞし山に入てもなを心の水のみなかみは求めがたう、市にまじはりても、をなじ流れの水ならば真如の月などか澄まざらん。かやうに思ひしより自然心得、今は山深きすみかを出、かゝる物狂となり。…」（世阿弥『五音』所引）

当初、自然居士は山の中で厳しく戒律を守り修行に打ち込んだが、「心の水のみなかみ」に辿りつくことはできず、ある時、山の中の水でも俗世間の水でも「真如の月」（仏教では悟りの境地をよく月に譬える）はまったく同じように映ることを悟り、山を降りて世俗にまじわる布教者となったのだという。これは、インド・チベットの伝統で言えば（本書79〜81頁）、輪廻からの解脱を目指す中士の段階から上士の段階に到達したことを示している。娘が身を売って亡父母の供養を自然居士に頼むのは、自然居士が実体視から来る苦しみから解放される方法を自らの体験として知っている存在だからだろう。このような横川小聖や自然居士が、夢幻能で亡霊を弔うワキ僧の源流と言うことができる。夢幻能においてはワキは舞台上での活躍がほとんどなく、前シテの語りを聞き、後場においては舞台の隅に座って展開する夢の中の世界を見るだけの存在であるため、「見物人の代表者」（野上豊一郎『能の幽玄と花』岩波書店）などと言われるが、河合隼雄が鋭く捉えているように、黙って聞くことにこそワキの力量が示されるのである。

このことは、ワキ僧ではなく妻が夫の霊を見る『清経《きよつね》』（世阿弥作）を見るとよくわかる（以下、世阿弥の能の引用は日本古典文学大系『謡曲集』上岩波書店）。『清経』は他の修羅能（世阿弥のいう軍体の能）と同様、『平家物語』を題材とした作品で、京都で夫の帰りを待つ平清経の妻のもとに夫の死の知らせが届くところからはじまる。使いに討死したのかと問うと、平家の行く末に絶望して舟から身を投げたという。妻は嘆きのあまり形見に夫が残した髪を受け取らず、「夢になりとも見え給へ」と涙にむせぶ。すると夢うつつの中、亡霊があらわれるのだが、その夫の霊に対して妻は「命を待たでわれと身を、捨てさせ給ふおんことは、偽りなりける予言《かねこと》なれば、ただ恨めしう候」、討死したなら諦めもつくが自ら命を断つとは、生きて再会するという約束は嘘だったのかと恨み言を言ってしまう。それに対して清経の亡霊も「さやうに人をも恨み給はば、われも恨みは有明の、見よとて送りし形見をば、なにしに返させ給ふらん」と言い返し、幽冥境を異にするとはいえ再び会うことができたにもかかわらず、心を通わせることができず、涙にくれてしまう。

これと対照的なのが、同じ世阿弥作の『敦盛《あつもり》』である。『敦盛』も亡霊に出会うのが生前のシテに直接かかわりがあった人物（平敦盛を討ち取った熊谷直実）だが、霊への対し方がまったく異なる。熊谷直実は、一の谷の合戦で平敦盛を討ったものの、武士というものがつくづく嫌になり、出家して蓮生法師となり、かつての戦場を霊を弔うために訪れる。出会った草刈男が敦盛の霊であることを暗示して姿を消し、一晩中念仏を続ける蓮生の許に敦盛の霊があらわれ、「日頃は敵、今はまた、まことに法の友なりけり」と、かつての敵が弔いに来てくれたことを喜び、過去を物語りはじめる。しかし、自分が討ち取られた箇所に来ると、感情が高ぶり、「因果は巡り逢ひたり、敵はこれぞ」と刀を抜いて蓮生に切りかかる。蓮生は動じず（ここは台詞も演技もない）、敦盛の霊は刀を捨て、再び「仇をば恩にて、法事の念仏して弔はるれば、終《つい》には共に生まるべき、同じ蓮の蓮生法師、敵にてはなかりけり、跡弔ひて賜び給へ、跡弔ひて賜び給へ」と、弔いを頼んで能は終わる。

平清経の妻も夫のことを思う気持ちは一方ならないものがあるだろう。しかし、自分の心を鎮め煩悩に振り回されることから離れる修練を積んでいないため、亡霊の思いに耳を傾けることができず、同次元で自分の感情をぶつけてしまうのである。それに対し熊谷直実が出家した蓮生法師は、亡霊が自分に切りかかっても動じることがない。弔うとは、自分を守りたいがために亡霊を力でねじ伏せ撃退することではなく、その思いを受け入れて相手を解放することなのである。

内田樹『死と身体』（医学書院）は、フロイト流の精神分析において転移（患者の抑圧された性的感情が分析家に向けられる）が治療の上で重要な意味を持つとされていることについて、自身の合気道の経験やラカンの「前未来形で語る」という説を手がかりに、時間を動かすという興味深い論を展開している。患者は過去を分析家に語るが、実は単純に過去を再現しているのではなく、語り終えて分析家に承認された自分を目指して語っている。それが「前未来形で語る」ということである。トラウマに居ついている人間は過去に棲んでおり、それを転移によって分析家とのエロティックな交わりという未来の病症に向かって歩みはじめさせるのが精神分析の核心だというのである。筆者は心理療法については素人で、実際の治療における転移の有効性についてはわからない。しかしこの内田氏の時間を動かすという考えは、ひたすら亡霊の語ることを聞くだけという一見消極的に見える夢幻能を作り上げた世阿弥が、観客との関係や当時盛んにおこなわれた他流派との立会い（競演）において、いかに主導権を握るかについての論を展開した戦略家でもあることをうまく説明してくれると思う。

「神事、貴人の御前などの申楽《さるがく》に、人群集して、座敷いまだ静まらず。さる程に、いかにも〳〵静めて、見物衆、申楽を待ちかねて、数万人の心一同に、遅しと楽屋を見る所に、時を得て出でて、一声をも上ぐれば、やがて座敷も時の調子に移りて、万人の心、為手《して》の振舞に和合して、しみ〴〵となれば、なにとするるも、その日の申楽ははや良し。」

「問。申楽の勝負の立合の手立はいかに。

答。是、肝要なり。先《まづ》、能数を持ちて、敵人の能に変はりたる風体を、違へてすべし。……敵方色めきたる能をすれば、静かに、模様変りて、詰め所ある能をすべし。かやうに、敵人の申楽に変へてすれば、いかに敵方の申楽よけれども、さのみには負くる事なし。もし能よく出で来れば、勝つ事は治定あるべし。」（以上、『風姿花伝』第三問答条々）

ワキ僧と心理療法家の類似はおそらく偶然ではない。共に人の心の苦しみを扱う専門家であり、死後の生が自明のものとして信じられていた時代であればなおさら、死後妄執に苦しむ霊の救いは生きている者に対しても有効であるものでなければならなかったはずだからである。内田氏の説明する転移を利用する方法は、感覚の捉える対象を実体視し貪りや瞋りの心を起す者（下士）に輪廻からの解脱を勧め（中士）、さらにはその思いからも解放されることによって真の安らぎ（上士）を獲得するという仏教の技法に、別の対象に思いを向けさせることを利用して捉われから解放させるという点でよく似ている。

4　シテの語り——能『実盛』を中心に

夢幻能のシテは自分ではどうすることもできない思いを抱えた存在であり、そのため死後もさまよっている。しかもその思いの核が何であるかを亡霊自身が自覚しているとは限らない。世阿弥作の『実盛』は、平家方の武将斎藤実盛が老いた姿を隠して出陣して木曽義仲軍に討ち取られ、戦いの後正体不明の武将の首を洗わせると墨が落ちて白髪となり、実盛が生前「老い武者としてあなどられるのはくやしいので正体を隠して若やいだ姿で討死したい」と語っていたことが披露され、木曽軍一同が感動するという『平家物語』の物語を題材とした能である。

能は、遊行上人が加賀国篠原の古戦場を訪れて説法するところに実盛の霊があらわれるところからはじまる。これは当時古戦場で遊行上人の前に実盛の霊があらわれて十念（浄土宗や時宗では「南無阿弥陀仏」を十回唱えて授けることがおこなわれる）を授けられたという噂（『満済准后日記』ほか）があったことに基づいている。上人は毎日教えに通ってくる老人の姿に、その姿が他の者には見えないことを指摘し、名を名のるよう促す。老人は渋るが、上人がさらに促すと、老人はこの篠原の戦いで斎藤実盛が討死し、今でも土地の人には幻のように見えることを語りはじめ、最初は話をそらしているのかと思った上人は途中で気づいて、「さてはおことは実盛の、その幽霊にてましますか」と言う。弔いを求めて姿を消した霊のために一晩中念仏を唱えると、華やいだ甲冑姿の老人が現われ、『平家物語』で語られている討死のエピソードを物語る。遊行上人がさらに「げにや懺悔の物語り、心の水の底清く、濁りを残し給ふなよ」と促すと、実盛は「その妄執の修羅の道、巡り巡りてまたここに、木曽と組まんとたくみしを、手塚めに隔てられし、無念は今にあり」と、実は源氏方の大将木曽義仲と一騎打ちをして死ぬことを願っていたのが、手塚光盛に討ち取られて果たされなかった無念を告白し、弔いを願いつつ姿を消す。

この最後の告白で語られたことは『平家物語』の中ではまったく触れられていない。しかし、もし『平家物語』で語られていることが総てであるならば、実盛は願った通りの死に方をして、武将の理想的な死に方として讃えられたのであって、なぜ二百年も亡霊として迷いつづけているのかがわからない。白洲正子『謡曲平家物語』（講談社文芸文庫）は、『源平盛衰記』では、木曽義仲の父義賢が打たれた時に源義朝は畠山重能に命じて子の駒王丸（義仲）を殺させようとしたが、不憫に思った重能が斎藤実盛に預け、実盛は養子にするつもりでいたが隠し通すことができず木曽に逃がしたとされていることを指摘し、「平家物語を読んでいると、実盛と義仲の間柄は、どうしても最後には、「廻り〳〵て又こゝに、木曽と」再会する運命にあったとしか思えない。それは一応果たせたとはいうものの、充分に果たせなかったのが心残りだったのだろう」と『実盛』論を結んでいる。様々なバリエーションのある『平家物語』のどのような本文に基づいて世阿弥が能を書いたかは結論が出ていないが、そのような因縁を世阿弥が知って、二百年、自分自身に対してすら隠しつづけていた思いとして作品に描いたという推測は、十分魅力的である。

もちろんすべての世阿弥作品のシテがこれほど屈折しているわけではない。『忠度《ただのり》』では、師の没後出家した歌人の藤原俊成の弟子がワキで、シテの平忠度の霊が呼びとめ、都落ちの際に勅撰集に入れてもらうよう歌の師の俊成に自分の歌を託し、平家滅亡後に編まれた『千載和歌集』に一首入れられたが、朝敵であることをはばかり「読み人知らず」とされていることが無念であり、俊成の子の定家に作者を付けるよう伝えてほしいと語っている。言ってみれば、『忠度』は患者が自分で診断を下して療法家に治療法の指示まで出している能で、作品としては『千載和歌集』の歌を引用せず、シテが討ち取られた様を語った後、死骸の鎧の箙に「行き暮れて、木の下蔭を宿とせば、花や今宵の主ならまし」という辞世の歌の短冊が結びつけてあったことを語り、「花は根に帰るなり、わが跡弔ひて賜び給へ。木蔭を旅の宿とせば、花こそ主なりけれ」と結び、すべてのエピソードが墓所の桜木とこの歌に収斂するよう構成されていて、世阿弥が「上花」と評すること（『申楽談義』）も頷けるのだが、では望みどおり『千載和歌集』の歌に作者名が付けられれば亡霊は満足して成仏するのかと考えると、『千載和歌集』の歌が引用されずそれに焦点が当てられていないこともあって、どうもそうはならないように感じられる。忠度の霊はまったく気づいていないようだが、歌の勅撰集への入選を願ったり辞世の短冊を箙に着けて討死にすること自体が、平家一門の滅亡を予感し、名が失われることへの恐れからくる代償行為なのである。『敦盛』でも後シテは登場時には「日頃は敵、今はまた、まことに法の友なりけり」と蓮生法師（熊谷直実）の弔いに感謝していたが、過去を物語っているうちに感情が高ぶり、「因果は巡り逢ひたり、敵はこれぞ」と切りかかっている。自己診断が正しい診断とは限らないのであり、解決方法があるような問題であれば、死後も亡霊となってさまよっていないとも言える。

世阿弥は『実盛』を「そばへ行きたる所有」と評している（『申楽談儀』）。これは直接には原作の『平家物語』では討死・首洗い・錦の直垂を賜ったエピソードの順で語られているのを首洗い・錦の直垂・討死と順番を変えて語っていることを指すが、それだけではなく、通常の夢幻能ではそこまで語られていないシテの思いをもう一段掘り下げた作品であることも関わっているのではないだろうか。それが折口信夫のいう能の「もどき」性だとも言うことができるだろう。これはこの世のめでたさをことほぐ祝言能（脇能）についても言えるのであり、世阿弥が「すぐ成能《なるのう》」とする『弓八幡』では、神による治世の祝福が前面に出て、時代設定と内容から実は蒙古襲来と神風による撃退が踏まえられていること――めでたくない状態からめでたい状態への転換――は主題化されていないのに対し、「鰭《ひれ》が有」とする『高砂《たかさご》』（旧名『相生』）では、冒頭において老いの孤独が語られ、それが『古今和歌集』の註釈で語られている高砂・住吉の相生の松の賛美の語りによって転換していくさまが描かれている。(9)

5 能の美しさ——失われたものとしての美

夢幻能において、シテは実現不可能な強い思いを抱え、死後も捉われ続けている存在である。思いからの解放の方法を既に自分の経験で知っているワキ僧は、語りに耳を傾けることによって、その思いが自ら解き放たれることを待つ。精神分析に譬えると、抱えられ続けている思いが語られてワキに理解されることを目指すことに転移し、治癒の可能性が生まれるのである。強い思いそのものは煩悩ではあるが、それが語られることによって真の解放の媒介となりうることもある。禅で「大疑のあとに大悟あり」といわれるのは、そのためだろう。

能の観客は、よくもわるくも亡霊ほどに実現不可能な思いに捉われ続けることはできない。今・ここであることに制約を覚えても、それを超えた本源的世界を思い続けることは困難で、多くの場合、それを断念して再び日常に帰っていく。であるからこそ、シテのあり方を恐怖しつつも、その見果てぬ思いに憧れるのである。世阿弥が小野小町や檜垣の女など、老いて失われた美を求め続ける老女をシテとしたり、廃墟を舞台として好んで選ぶのは、シテの強い思いを通じて、観客に憧憬の対象としてのこの世のものならぬ美を感じさせるためである[10]。

『檜垣《ひがき》』（世阿弥作）の主人公は『後撰集』の「年経ればわが黒髪も白川のみつはぐむまで老いにけるかな」の詠み手の檜垣の女である。檜垣の女は名高い白拍子で、老いたため肥後国（熊本県）の白川のほとりに隠居したが、水を求めることを口実に尋ねてきた藤原興範に強く乞われ、舞を舞った事が妄執となって、死後も苦しみ続けている。

「藤原の興範の、そのいにしへの白拍子、いまひと節とありしかば、昔の花の袖、今さら色も麻衣、短き袖を返し得ぬ、心ぞ辛き陸奥の、狭布の細布胸合はず、なにとか白拍子、その面影のあるべき。よしよしそれとても、昔手慣れし舞なれば、舞はでもいまはかなふまじと、興範しきりに宣へば、あさましながら麻の袖、露うち払ひ舞ひ出だす。檜垣の女の、身の果を。

水掬《むす》ぶ、つるべの縄の、つるべの縄の繰り返し。昔に帰れ、白川の波、白川の波、白川の、水のあはれを知るゆゑに、これまで現はれ出でたるなり。」（『檜垣』）

老いた檜垣の女の舞は、全盛期のそれとは比べ物にならないものだったに違いない。しかし檜垣の女は帰らないとわかっていて昔に帰りたいというどうしようもない思いを抱いてしまった。それが妄執となったのである。それは「いにしへは舞女の誉《ほまれ》世に勝れ、その罪深きゆゑにより、今も苦しみを三瀬川に、熱鉄の桶を担ひ、猛火のつるべを掛けてこの水を汲む」と謡われるように、苦の原因である。しかしだからこそ、檜垣の女の霊は毎日仏に供える閼伽の水を汲んで僧に届け、救いを願う。妄執のきっかけと地獄の苦と救いの手段が同じ水を汲むことであることは、妄執の強さが救いを求め救いの媒介となるものでもあるという両義性を持つためである。

宗教芸能で演じていたのと同じものを観客に対して演じてもうまくいかないという事態に直面した

世阿弥が発見したのは、物まねとはそのものを演じるのではなく、観客にそれらしく感じさせることであるということだった。いくら美しい女を演じたとしても、それは現実の女の美しさ以上のものとはならないだろう。しかし世阿弥は失われた美を強く求める女を演じ、観客をその思いに共感させることによって、二度と帰らぬ、その意味で超越的な美を観客に幻視させることを可能にしたのである。世阿弥の老いた女の演技がこのようなねらいのものであったことは、晩年の聞書『申楽談義』における『姨捨』の老女の演技についての次のような論からはっきりわかる。

「姨捨の能に「月に見ゆるもはづかしや」、此時、路中に金を拾ふ姿有。申楽は、遠見を本にして、ゆくやかに、たぶくと有べし。然《しかる》を、「月に見ゆるもはづかしや」とて、向かへる人に扇をかざして、月をば少も目にかけで、かい屈みたる体に有ゆへに、見苦しき也。「月に見ゆるも」とて、扇を高く上げて、月を本にし、人をば少目にかけて、をぼくとし、し納めたらば、面白風成べし。」（『申楽談儀』）

『姨捨』の能には道で金を拾うような演技のしどころがある。それは老女が「月に見ゆるもはづかしや」と出た月に照らされて自分の老いた姿を恥ずかしがるところで、通常はこれを月を意識せず、単にかがんで恥ずかしがる演技をしてしまうために、見苦しく感じるのだ。ここを月に焦点を合わせるように演技をすれば面白き風となるだろう。——世阿弥はこのように論じる。観客に見せるべきなのは老いた醜さではなく、それを意識させる月なのである。

このようなシテの強い思いだけで舞台上に楽園を作り上げてしまうのが、世阿弥が例曲のひとつとする自信作『融《とおる》』（旧名『塩竈』）である。主人公の源融は京都の鴨川のほとりに六条河原院という壮麗な庭園を作り上げ、庭は陸奥の塩竈の浦を模し、毎日大阪湾から海水を汲んできて塩焼きの様を演じさせていた。源融の没後庭園が荒れ果てた様子は紀貫之『土佐日記』にも記されていて、世阿弥の父観阿弥は源融の亡霊が鬼に責められる内容と推測される『融の大臣の能』（散逸曲）を演じたが、世阿弥はその追儺的な鬼の能をまったく作り変えて、廃墟にあらわれた亡霊の強い思いがそこに失われた庭園を現出させる能を作り上げたのである。(11)

舞台は東国出身のワキ僧が都に着き、六条河原院の廃墟を訪れるところからはじまる。老いを嘆く老人（前シテ）があらわれ、海辺でもないのに潮汲みと名のるのを不審に思うワキに対し、この河原の院は源融が塩竈の風景を移した庭園で塩竈に他ならないと語り、融の没後に荒れ果てたこと語って帰らぬ昔を嘆く。

「げにや眺むれば、月のみ満てる塩竈の、うら淋しくも荒れ果つる、後の世までも塩染みて、老いの波も返るやらん、あら昔恋しや。恋しや恋しやと、慕へども嘆けども、かひも渚の浦千鳥、音をのみ泣くばかりなり、音をのみ泣くばかりなり。」（『融』）

名所である周囲の山々を教えるよう乞うワキに対して、前シテはあれは音羽山、その向こうに隠れるのは逢坂の関、清閑寺、今熊野、稲荷山、深草山、木幡山、伏見、淀、大原、嵐山と、歌に詠まれる名所を上げていく。そのようにワキと観客の目を舞台の彼方にある名所の数々に向けさせてから、興に乗じて時間が過ぎた、潮を汲まないと、と存在しないはずの池の潮を汲む所作に視点を一気に集中させせ、姿を消す。

「興に乗じて身をばげに、忘れたり秋の夜の、長物語り由なや、まづいざや潮を汲まんとて、持つや田子の浦、東からげの潮衣、汲めば月をも、袖に望潮の、汀に帰る波の夜の、老人と見えつるが、潮曇りにかき紛れて、跡も見えずなりにけり、跡をも見せずなりにけり。」(『融』)

さらなるあらわれを待ってそこに眠るワキの夢に源融の霊(後シテ)があらわれ、「月宮殿の白衣の袖も、三五夜中の新月の色。…あら面白や曲水の杯、受けたり受けたり遊舞の袖」とかつての遊楽を歌って興じ、夜明けと共に月の都に帰る。

この夢の中で展開された世界は、現実の庭園としてあった時から一貫して、源融の強い思いによって出現したものである。観客には今・ここにあることを制約と感じる思いはあるが、それを超えた世界を本来的世界として思い描き形象化する力は自分自身にはない。観客は、ワキに対して語るシテの思いの強さを介することによって、本来的世界を垣間見ることが可能になるのである。それは不死の月の都の世界に重ねられるものである一方、妄執の対象でもある。観阿弥が演じた『融の大臣の能』

との関連が指摘されている、源融の追善のための諷誦文は、源融の亡霊が宮人に憑依して、地獄の苦と生前の愛執によって時々河原院に来て息うが獄卒に探し出されて追い立てられていることを語って救いを願ったことに対して、河原院の所有者となっている宇多法皇が追善をおこなうという趣旨を述べている（『本朝文粋』、『扶桑略記』）。この河原院に融の霊が出る話は有名だったらしく、『今昔物語集』や大江匡房『江談抄』などに様々な形で語られている。世阿弥は『融』においてそのような面をほとんど描かないが、先行する父親の演じた能はまさに源融の死後の苦を描いたものだったのであり、それを十分念頭においての造形なのである。

前節で扱った浄土信仰においても、ビジョンとしての浄土は両義的な性格を持っていた。今・ここにあることの制約を越えたい思いは、捉われからの真の解放の媒体ともなりうるが、別種の捉われともなりうる両義的なものである。この両義性は、芸能においては、新しく訪れた神としての仏教側（本書172～175頁）に対する土地の精霊の抵抗と服従という「もどき」という形で形象化される。世阿弥はそのような宗教芸能の要素を切り捨てるのではなく、観客に対して演じるという新しい環境で再生させるべく夢幻能の形式を作り上げたのであり、そこでは観客がワキ僧の夢の中で展開されるシテの願望を見るという重層的な世界が展開されている。観客はシテの思いによって感覚の捉える対象を実体視し捉われる世界を超える世界を垣間見ることができるのであり（下士から中士へ）、そのシテは妄執でもある現実不可能な思いをワキに聞かれ理解されることを目指して語ることによって形象化し、そこから解放される途を見出すことができるようになる（中士から上士へ）。夢幻能は僧による死者のまつりの舞台化ともいえるが、そこに描かれている世界は、死者や神のまつりの担い手として仏教を受け入れた（本書第三章①2）私たち日本人の心の奥底を見事に描き出している。

（1）折口信夫「翁の発生」『古代研究』所収、折口全集2中央公論新社、「能楽に於ける「わき」の意義」『古代研究』所収、折口全集3。
（2）服部幸雄『宿神論』岩波書店を参照。
（3）能勢朝次『能楽源流考』岩波書店。
（4）吉村均「神仏習合と翁三番叟」『東アジア世界の文化交流　国際シンポジウム報告書』所収を参照。
（5）吉村均「演能の思想的基盤」『日本思想史研究』21を参照。
（6）松岡心平『宴の身体』岩波書店を参照。
（7）吉村均「世阿弥能芸論における「心」と「態」」『倫理学年報』38、同「有主風」『国文学　解釈と教材の研究』35巻3号を参照。
（8）白洲正子・河合隼雄「能の物語『弱法師』」『創造の世界』74。
（9）吉村均「『高砂』のめでたさ」『季刊日本思想史』39、同「『養老』の世界」『倫理学紀要』7、同「『弓八幡』と『高砂』」『橘香』39巻12号を参照。
（10）吉村均「女体の能を読む」『総合芸術としての能』7を参照。
（11）渡辺守章『芝居鉛筆書き』冬樹社、ベルナール・フランク『風流と鬼』平凡社を参照。

❖ その後の展開

その後の日本思想の展開について、『古事記』『日本書紀』の神話の受容を例に、駆け足でごく簡単に見ておきたい(1)。

『古事記』『日本書紀』の神話が仏教伝来以前の信仰を伝えるもので、その神々が神社にまつられているという印象は、明治維新の際の神仏分離によって作り上げられたものであることは、本書第一章①で述べた。民俗学者の柳田国男は、『古事記』や『日本書紀』に記されているものは、神話そのものとはいえないとまで言っている。

「…神話は本来口伝えのものであった。人が文字を知りこれをもって言葉を表現し始めたよりも、はるか以前から行われていたものだったということ、それから今一つは信ずる人の言葉であって、神に仕うる者のみがもとは管理していたということ、これなども多分外国の研究者の、すでに一致しているところだろうと思う。そうなると神話が文学でないことは論をまたず、さらに文学に近い形をもって、これを書き伝えた記録を、神話といったことが正しかったかどうか、それさえ問題になるのである。

…誰でも知っているように、わが邦最古の記録ができたのは、いわゆる神話時代を過ぎて、千年も後のことである。よしや大昔の神話であることが確かとしても、久しい間の伝承があり、また編纂者の取捨があった。それを後代の者が信ずるのと、以前に家々でこれを信じていたのとは、信ずるという言葉は一つでも、心持ちはまるで異なるのである。」（『口承文芸史考』柳田国男全集8ちくま学芸文庫）

柳田は、本来の神話は外部に秘され、口伝で伝えられるものだったはずだと考えて、昔話や伝説の中に神話の残滓を探っている（『妹の話』『桃太郎の誕生』）。

まったく別の観点から、和辻哲郎も、『古事記』『日本書紀』で中心的に活躍する神々の特殊性を指摘している。アマテラスは高天原で訪れる神に着せるための機を織り、稲の収穫を神に捧げる大嘗祭をおこなう、巫女的な役割をしている神であり、和辻は「祀《まつ》る神」と命名している。それに対して単に祀られるだけの神は『古事記』『日本書紀』では中心的な役割を果たしていない、というのが和辻の指摘である（『尊皇思想とその伝統』和辻哲郎全集14岩波書店）。

「速須佐之男の命、…勝ちさびに天照大御神の営田《つくだ》のあを離ち、その溝を埋み、また、その大嘗《おほにへ》聞こしめす殿に屎まり散らしき。…天照大御神、忌服屋に坐して神御衣《かむみそ》織らししめたまひし時に、その服屋の頂を穿ち、天の斑馬を逆剝ぎに剝ぎて、堕し入るる時に、天の服女見驚きて、梭に陰土《ほと》を衝きて死にき。かれここに、天照大御神見畏み、天の石屋戸を開きて、刺しこもりましき。」（『古事記』新潮日本古典集成）

中世にはいると、神信仰も多くの芸道論と同様、仏教の言説を手がかりに論理化を試みた。しかし仏教においては本源的世界への志向は本質的なものではなく、始原神話を持たない。そのため神信仰は仏教の言説に取り込まれている外道の始原神話を取り入れている。『大和葛城宝山記』は次のような始原神話を記すが、これは『雑譬喩経』に記されているヴィシュヌ神からブラフマン（梵天）が生じ、人が生まれたという神話に基づいている（末木文美士『中世の神と仏』山川出版社の現代語訳で引用する）。

「聞くところによると、天地の成立は、水の気が変化して天地となったのだという。十方の風が吹いて相互にぶつかりあって、大水を保持することができた。水上に神聖《かみ》が化生して、千の頭と二千の手足があった。常住慈悲神王と名づけ、違細（註・ヴィシュヌ）という。この人神の臍の中に、千の花弁の金色の妙宝蓮華が出た。その光は非常に明るく、万の月が一緒に照らすようであった。花の中に人神が結跏趺坐していた。この人神もまた無量の光明があり、梵天王という名であった。この梵天王の心（臓）から八人の子供が生まれ、八人の子供から天地人民が生まれた。これを天神といい、また天帝の祖神と称する。」

同様の現象は北畠親房『神皇正統記』にも見られ、天竺の天地開闢説として劫初の世界の生成説（『倶舎論』などで説かれている）が引用されている。このようにして、仏教の言説を手がかりとしつつも仏教とはまた違ったものを志向する中世神道が生まれたのである。中世神道には膨大なテキストが存在し、近年研究者の注目を集めている。[2] それらでは『古事記』『日本書紀』に記されているイザナキ・イザナミの国産み物語が、世界の創世という始原神話として読みかえられていることが多い。そこでは二人が海をかき混ぜた天の瓊矛が密教法具の独鈷とされていたり、海底に大日如来の印文がありそれを探り当てたなどと説明されている。

このような中世の状況を大きく変えたのが、中国から入ってきた儒教、なかでも朱子学である。[3] 中国では周王朝が衰えた春秋戦国時代、様々な政治思想家（諸子百家）が登場した。その一人が孔子（紀元前五五二～四七九）で、礼制度の復興による政治の安定を説いた。それを朱子（一一三〇～一二〇〇）が理論化した朱子学は理と気の二元論によって世界を説明するもので、儒者は現実世界を捉えた実なる知であることを標榜し、仏教の輪廻や来世の考えを虚なるものとして批判した。[4] 神信仰も実なる知の立場に立って排仏論を展開し、国学が生まれた。中世の学問は芸道のひとつとして仏教の伝授のあり方をモデルにしており、古典の特別な解釈が秘伝とされ、入門してその伝授を受けるという形で受けつがれていた（古今伝授や伊勢灌頂など）。そのような解釈には秘伝のための秘伝としか思われないものも少なくなく、木版印刷の発達により多量のテキストを自由に読むことが可能になったこともあり、国学者の研究によって古典研究は大きく進展した。

しかし国学は実なる知を標榜していたため、『古事記』や『日本書紀』は今度は現実世界の生成を語る言説として、長崎貿易などを通じて入ってきた地理学や天文学の知見と重ねられることになった。本居宣長『古事記伝』の附巻とされた門人の服部中庸『三大考』は、高天原や黄泉国を太陽や月とし、地球から太陽や月が分離生成する過程を描いたものとして『古事記』神代巻を解釈している。本居宣長の没後に夢で入門を許されたと称した平田篤胤（一七七六～一八四三）は、地理学・天文学や旧約聖書の知識までも取り入れ、インドや旧約聖書には洪水神話が見られるが日本にはないことから、日本を丸い地球の頂点に位置する国で日本よりも低い場所にあるインドや西洋は水没し日本のみ水没しなかったのだと論じている（『霊の真柱』）。

このような状況で明治維新と神仏分離が起こり、新たな実なる知として西洋の知見がはいってきて、本書第一章[2]で論じたような、近世の排仏論の主張をすべて受け入れ、西洋の文献学を元にした近代仏教学が生み出されたのである。

（1）日本の宗教思想の歴史については、大久保良峻ほか『日本仏教34の鍵』春秋社、苅部直ほか『日本思想史ハンドブック』新書館も参照。

（2）山本ひろ子『中世神話』岩波新書、黒田日出男『龍の棲む日本』岩波新書などを参照。

（3）朱子学は科挙の試験科目となり東アジアの国々に浸透したが、日本では林羅山や新井白石のように政治に関わる朱子学者はいたものの、科挙による官僚登用はおこなわれず、政治面での影響は限定的だった。

（4）佐藤正英『日本倫理思想史』東京大学出版会を参照。

❖補論・和辻哲郎の「人間」の学の成立と思想史理解をめぐって

西洋思想の紹介が主流の明治以降の哲学・倫理学[1]において和辻哲郎の「人間」の学は、独自の倫理学を提唱した画期的な業績である。京都帝国大学助教授として『人間の学としての倫理学』の元になった倫理学概論と並行しておこなった国民道徳論[2]の講義ノート[3]を見ると、和辻がどのような問題意識から「人間」の学を作り上げたかがわかる。

西洋の道徳思想は、普遍的な価値を人が理解し実践するというもので、神による世界の創造を説く西洋の一神教の伝統から生まれたものである[4]。しかしそれは他の価値観を認めない偏狭さにもつながり、実際には他人を自分の利益の手段とのみ見る資本主義を生み、さらにはアジア・アフリカの植民地化に進んだ。日本の明治維新は植民地化への危機感からおこなわれたもので、忠君愛国という国民の全体性への帰依は、人間としての尊厳と自由を守るためのものだった。しかし同時に導入された資本主義は本来営利を目的とする利己的なもので、当時の学者はその矛盾に気づかなかった。和辻の考えでは、日清戦争の動機は国民的存在の自覚によるもので、日露戦争も、日本の側としては、中国の分割に加わろうとしたのではなく、それを食い止めようとしたものだった。ところが、日清日露戦争の勝利は資本主義の導入によるものと考えられ、日清戦争後に産業革命をおこなった日本は、日露戦争後、先進資本主義に追いつこうとし、第一次世界大戦後、世界の主要国に伍し得るまでになった。日本の資本主義発展はアジアにおける欧米諸国の植民地独占を解放せしめるよう動くかもしれないが、それは欧米と同じく原料、資本輸出、経済的領域の拡張のために植民地を必要とするからで、真の「東洋の解放」のためではない。

「日清日露の両戦役が世界史において持つ意義は、世界の帝国主義の動く方向を逆に押し返したことであった。この事業のために日本は手段として迅速に資本主義文明を学んだ。しかし事業自身の意義が充分に理解せられていなかったために、ただ第一段に成功したのみでたちまち目的は見失われ、手段の奴隷として自ら帝国主義に化した。それとともに世界史の動きを指導する重大な役目から、ただ大勢に追随する端役者の位置に顛落したのである。」（全集４）

この和辻の指摘は、その後日本がどういう道を辿ったかを思う時、一段と重みを増す。

教育では技術に関係ある学問は奨励されたが、精神文化の研究は顧みられず、古い東洋の古典的教養は捨て去られ、欧米の古典的教養もほとんど輸入されなかった。資本主義的経営は家族主義を否定するものだが、思想においては産業革命以前の家族主義が安全に保たれ得るという時代錯誤的な考えが存在した。プロレタリアの誕生とその覚醒は、明治以来の資本主義的成功主義の功罪の清算を迫るもので、和辻は、日本の国民精神喪失の危機は、資本主義を打倒しようとする思想ではなく、資本主義の精神自身にあるとして、「資本主義的精神はブルジョワ精神であり、ブルジョワ精神とはまさに「町人根性」である。今や日本は「町人根性」に支配せられているのである」と結んでいる。

そこから和辻は利己的な資本主義受容の背景として、近世の町人道徳に注目していくが、これは評価の方向性は正反対だが、日本の真の近代化の可能性を近世思想に探り、戦後、思想的な影響力をもった丸山真男の研究[5]を先取りしたものといえる。

和辻は、個であると同時に全体でもあり、個を否定することによって全体たりえ、全体を否定することによって個たりえる「人間」こそが普遍的な構造で、倫理はその「かた」の自覚であり、地域・時代によって具体的な徳目は変化すると考えた。このような問題関心から西洋思想を批判的に検討したのが『人間の学としての倫理学』で[6]、地域・時代における具体的な展開（当為としての国民道徳）の比較の基礎の部分が『風土』となった。刊行された『風土』が海路でヨーロッパに留学した際のアジア・アフリカ・ヨーロッパの見聞に基づいているため、環境決定論に思われがちだが、和辻の風土論が本来は「人間が風土に於ておのれを見出す[7]」ものとして構想されたことは注意すべきである。

和辻は日本における倫理思想の歴史的展開について、アジアのモンスーン的性格のなかの「台風的」性格と位置づけたうえで、原始社会では祭事による統一がおこなわれていたが、そこには宗教的な信念としての「尊皇心」、人間の隔てなき結合の尊重としての「人間の情愛の尊重」と「社会的正義の尊重」、戦闘的恬淡としての「「貴さ」の尊重」が含まれ、それらが歴史の中で順次展開していったと考えた。この思想史の構想部分は『風土』に転用されている。

「教団としての結合を表現する尊皇心は、まさに第五の明治維新の動力であった。…また古代における貴さの自覚は、第四の戦国時代に民衆の中から湧き出た武士道として、特に顕著に姿を現わしてくる。…さらに古代における人間の慈愛の尊重は、第三の鎌倉幕府の時代に、力強い鎌倉仏教の勃興において、慈悲の道徳として現われた。…慈愛の尊重と根を同じくする社会的正義の尊重は、第二の大化の改新において土地公有主義として現われている。」（全集8／岩波文庫）

講義の前年に書かれた構想メモや、残されている講演筆録を見ると、当初、和辻は現代から遡っていく形で国民道徳の歴史を論じるつもりだったらしい。しかし大学での講義ノートは、現代の状況を踏まえ、近世の「町人根性」を論じたところで終わっている。この後、和辻は各論に相当する論考を発表していくが、一書にまとめられたのは『尊皇思想とその伝統』（全集14）のみで、後にそれを大幅に改稿増補する形で『日本倫理思想史』（全集12・13／岩波文庫）が著された。

和辻が仏教研究に深入りするきっかけが、『日本古代文化』（全集3）を刊行後、仏教の影響を強く受けた時代の研究をおこなっていて、日本仏教の理解のためには中国仏教、中国仏教の理解のためにはインド仏教の理解が必要だと考えてのことで、ナーガールジュナの空についての理解が、一神教から生まれた普遍道徳とは異なる、「人間」の空の弁証法となったことは、すでに本書第一章[2]で述べた。ところが、最終的にまとめられた『日本倫理思想史』を見ると、そこまでして理解しようとした日本仏教への言及はわずかである。これが仏教への評価の変化によるものでないことは、最晩年に、京都帝国大学時代の『仏教倫理思想史』講義（全集19）で活字化していなかったアビダルマの展開や大乗経典の文学性などについての論を連載し、没後『仏教哲学の最初の展開』として全集に収録されている（全集五）ことからもわかる。これは和辻自身の設定に問題があったためと考えられる。

個を否定して全体たりえ、全体を否定して個たりえるという「空」の弁証法が「人間」の基本構造であり、一方、全体性の原初形態として祭祀による統一を想定しているため、神信仰における全体性と、仏教の空における全体性が基本的に同じ性格のものになって、日本に仏教が伝わることによって生じた展開を論じることができないのである。

これは和辻が師に参じて修行する必要があるとする伝統的な仏教理解の仕方を否定し、読むことで理解できるとしたことが関係している。『仏教倫理思想史』講義を見ると、和辻は決してヨーロッパの研究を無批判に受容しているのではなく、独自の考察をおこなっており、特に仏教の説く苦しみからの解放が感覚的な苦受に対する楽受ではなく、私がいて価値を帯びたものとして事物が存在するという自然的立場からの解放であり[8]、当時のヨーロッパの研究では無我や空が虚無論的に捉えられ、それでは道徳が成り立たなくなるので業論が導入されたと考えていたのに対し、空こそが倫理でありその実践者を菩薩として捉えていることは注目される[9]。

その一方で和辻は、輪廻説は輪廻する主体としての我を前提としており、仏教の無我の教えとは矛盾しているとして、それを共に仏陀の教えとする伝統的理解を嘲笑している。しかし、自然的立場からの解放が果たされるためには、その実践は「私はある」という自然的立場を前提するところからはじめられなければならない。実際、仏教の伝統的な実践は「人身の得難さ」の自覚から出発する。

大乗経典の問題も同様で、和辻は十二支縁起は当初から存在していたものではないとして、より単純なものから十二支縁起への発展を想定し、なぜそれが無明以上に遡ることはないかというと、苦の原因が無明であるとわかった時はすでに明だからだと説明し、この否定即肯定が本来別個に成立した般若経の空と結びつけられたと説明するが、仮に十二支縁起が推測通り歴史的に成立したのだとしても、釈尊が信仰されたのは苦を滅した存在と考えられたからだから、（言葉で説かれていたかどうかは別にして）滅の境地は実践の到達点として当初から想定されていたと考えなければならない。大乗経典が後世に出現したものであることは、ナーガールジュナの伝記に龍宮を訪れて大乗経典を取得した話があるように、大乗経典を認める側も承知していたことであり、本書第二章[1]で紹介したように、ナーガールジュナが大乗経典を認めるべきとしたのは、仏陀の境地に至る道を明らかにするうえでの理論的要請からであって、無批判な盲信によるものではない（『宝行王正論』の記述からは、当時のインドでは大乗経典を認めない側がむしろ多数派だったことが推測される）。

和辻はナーガールジュナ『中論』の空であるがゆえにすべてが成り立つという論に注目し、空はアビダルマの法の体系と相容れないものではなく、それを否定によって根拠づけるものであるとして、ナーガールジュナの説く二諦（＝二つの真理。世俗諦・勝義諦）を、それぞれ由来の異なるアビダルマの法の体系と般若経の空を結びつけたものと考えた。しかし伝統的な実践においては、言葉を超えた空の境地は瞑想中に体験されるものであり、二諦は、意識が対象を捉えない瞑想中と、瞑想を終えて再び感覚が対象を捉えた状態に対応するものである（シャーンティデーヴァ『入菩薩行論』九章）。

和辻の初期の日本文化・精神史研究は、国風文化のような純日本的なものを頂点に見るのではなく、日本の文化を外の刺激により緊張し、それが弛緩し、頽落していき、ふたたび外の刺激によって緊張し、…というサイクルで捉えるユニークな構想のものだった[10]。法隆寺の柱にギリシャ神殿のエンタシスを見る『古寺巡礼』の記述はよく知られている。しかし完成した和辻の「人間」の学にはそのような展開を入れる余地はない。

和辻は神仏習合についても仏教の純粋性を損なったものと否定的だが、本書で述べてきたように、そこに至るまでの道がなければ、空の境地には普通たどり着けないのであり、道元や親鸞のような頓悟の教えは誰にでも理解実践可能なものではなく、そのような教えが消え去ることなく伝えられたのは、すでに民俗のなかにそれに至る部分が存在していたからに他ならない。柳田国男や折口信夫の民俗学の知見を生かすことによってはじめて、和辻の「人間」の日本における具体的なありかたが見えてくる。

柳田と折口の考えには対立も存在するが（本書第一章③4）、それはそれぞれが関心を持ち明らかにしようとした文化の位相の違いであり、そう捉えることによって、どちらも捨てることなく生かすことができる。折口の論を見るならば、共同体の外に出ようとする思いは、共同体が解体することによって生じたわけではなく、原初より存在するもので、むしろ定期的なまつりの繰り返しは、そのような衝動を共同体の中に繰り入れる装置と考えられる。

仏教は神や死者のまつりと結びつくことによって日本に根づいたが、独自性を発揮したのは共同体内よりも、共同体の外や共同体間においてであって（本書第三章①3）、まつりによって成立する共同性と、聖徳太子が目指す「和」は、性格が異なるものである。まつりの共同性が言葉を介さない一体感であるのに対して、「和」は異なる価値観の人や集団との間で、対話によって目指されるものである。仏教の実践がどのような人格を目指すものであるかは、妙好人の実例（本書第二章③4）が示している。

しかも面白いことに、階梯的な仏教の実践の出発点である「人身の得難さ」の実感、自己への肯定的な感情は、最近の医学的研究によると、生まれてすぐの期間の母親との密接な関係の有無に左右される(11)。マウスを使った実験でも、母親の乳を吸って育ったマウスと隔離して人工栄養で育てたマウスを比較すると、つねにびくびくし、少し物音がすると自分が攻撃されるのではと過剰に反応するのは、密接な関係をもたなかったマウスの方なのである。「私」を否定するものと見られがちな仏教の無我や空、利他の教えは、実際の実践では「人身の得難さ」の実感、自己に対する肯定的な感情を伸ばし、個の殻を打ち破ってより広いものとしていく役割を果たすものである。[12] 母子の密接な関係が肯定的な自己感情を生み、それゆえ異質な存在と接した際に嫌悪恐怖して拒絶するのではなく、対話を試みることが可能になる。個と「人間」はこのような関係にある。

このような問題意識から、本書で神と仏の倫理思想を取り上げた。

(1) ナチスの迫害を逃れ、一時期日本で教鞭をとっていたレーヴィットは、日本の学生の哲学的な議論は日常生活と結びついていないとして、一階と二階の間に階段のない家にたとえている。「日本の読者に与える跋」『ヨーロッパのニヒリズム』筑摩書房。

(2) 当初は二冊同時に刊行する計画だった。谷川徹三宛書簡（一九三二年四月二日）和辻哲郎全集24所収。

(3) 第三次和辻哲郎全集では、国民道徳論講義は、論文などとして発表したものはその形で収録され、ノート篇に収録されているのは未刊行部分のみであるので、全体を見るにはそれらは継ぎ合わせる必要がある。講義の構成と全集における収録状況は以下のとおり。

序論　国民道徳の意義

一　「国民道徳の概念の多義」（↓「国民道徳論」全集23）

二　「『国民道徳』の意義の根本的区別」（↓同右）

三　「『国民』の意義」（↓同右）

四　「人間の全体性としての「国民」」（「草稿（抄）」全集別巻一）

五　「普遍的道徳と国民的道徳」（↓「普遍的道徳と国民的道徳」全23）

六　「国民の特殊性と道徳」（「草稿（抄）」全集別巻一）

七　「我国民の特殊性」（↓「国民道徳論」↓『風土』第三章二日本イ台風的性格 全集8）

八　「全体性の自覚の特殊な仕方と道徳の自覚の特殊性」（同右）

第一章　現代日本と町人道徳
一「現代日本の二重性格」（「草稿（抄）」全集別巻1）
二「現代日本の世界史的意義」（→「現代日本と町人根性」全集4）
三「現代日本の資本主義化」（→同右）
四「町人階級の勃興と発展」（→同右）
五「町人根性」（→同右）
六「町人根性の転身」（→同右）
七「個人主義と功利主義」（→同右）
「将来への展望」（草稿途絶→改稿して「現代日本と町人根性」に）

（4）木田元は西洋思想の「理性」は創造主によって与えられた「神の理性の派出所とか出張所のようなもの」で、公平に与えられており、それを正しく使えば普遍的認識ができるもので、キリスト教の素養のない日本人には理解できないと述べている（『反哲学入門』新潮社）。木田はハイデガーが書かれなかった『存在と時間』の後半で計画していたのは西洋の形而上学の伝統の相対化で、その先駆者としてニーチェがいるという理解（『ハイデガー「存在と時間」の構築』岩波現代文庫）から「反哲学」を提唱しているが、この木田の視点は、『ニイチェ研究』からはじまった和辻哲郎の業績を考える上でも示唆に富む。

（5）加藤尚武「日本思想と歴史の未来像」シリーズ近代日本の知 3『他者を負わされた自我知』晃洋書房所収は、丸山真男の『日本政治思想史研究』について「丸山の学識によれば、近代的な自由は超越神の伝統の中から生まれたのである。神は世界の外部に存在して、その自由な意志によって世界を創造する。その神の世俗化された形が、近代人の自由であって、超越神の伝統のないところに真の近代化は成立しない。朱子学の伝統が自然主義的であって、倫理的な規範すらも自然的な原理の自己展開と見なしていたのに対して、徂徠は、儒教規範を聖人の自由な創作と見なした。徂徠の聖人は、いわば自然から自由な存在なのである。この聖人像がかろうじて日本の伝統のなかに見いだすことのできる超越神に近いもので、ここに日本の近代化の内在的要因への希望を繋ぐことができる。…

彼の「研究」は、暗い時代に近代化への希望を抱く自己への証明であり、そして近代化革命のための見えない同志への暗号で書かれた手紙なのである」と評している。その丸山も後年、古層論を展開し、「つくる」とは異なる「なる」原理に注目している。

(6) 和辻の西洋思想との対決の中心になったのが、カントの「汝の人格における、及びあらゆる他の人格における人性(Menschheit)を、単に手段としてのみ取り扱うことなく、常に同時に目的として取り扱うように行為せよ」『道徳の形而上学の基礎づけ』という考えである。和辻はカントの『純粋理性批判』は我と物の関係で、観照する主体が問題になっているのに対して、『実践理性批判』では実践する主体が問題になっており、それはすでに行われている規定の理論的反省であって、客観の学から区別されるものだと指摘している。そしてカントが人を現実的・仮想的な二重性として捉えたことを評価しつつ、「人性」が仮想的なものにとどまり続けることに問題を指摘し、それを「人間」の立場から批判的に継承した存在としてヘーゲルを位置づけている(『人間の学としての倫理学』全集9/岩波文庫)。

(7) 和辻は「人間」の三重の弁証法的性格として、「それは先づ第一に他人に於ておのれを見出す意味での超越でなくてはならぬ。…第二にそれはかゝる「間」の時間的構造として本来すでに歴史的意味を持つてゐなくてはならぬ。…個人的意識に於ける時間性は「間」の歴史性を地盤としそこから抽象されたものに他ならぬ。第三に超越は風土的に外に出ることである。即ち人間が風土に於ておのれを見出すことである。個人の立場ではそれは身体の自覚になる。が一層具体的な地盤たる間柄にとつては、それは共同態の形成の仕方、意識の作り方、従つて言葉の作り方、更には生産の仕方や家屋の作り方等々に於て現はれてくる」(全集別巻1)と述べている。

(8)「凡夫の立場すなわち自然的立場においては、我があって世界に対している。その世界は空間的にひろがり、時間的に移って行くものである。我は直接にその世界を見、経験する。が、直接に経験しない範囲にまでもその世界が時間空間の上でひろがっていることを知っている。なおその世界は「物の世界」であるばかりでなく、美醜、快苦、善悪のごとき価値の性質を帯び、また実用的な意味を担った世界である。その中で我は認識し感じ意欲し、現実的な生活を生きて行く。この我に対して他に多くの我があって、同じ世界の中で大体に同様な生活をしている。

これが凡夫の立場における現実である」『仏教倫理思想史』全集19。

（9）吉村均「和辻哲郎とナーガールジュナ」『比較思想研究』41を参照。

（10）「日本の文化について」全集22。

（11）仏教の実践と医学的知見については、F・J・ヴァレーラ、J・W・ヘイワード他『徹底討議心と生命』青土社、ダライ・ラマ、ダニエル・ゴールドマン他『なぜ人は破壊的な感情を持つのか』アーティストハウス。吉村均「チベットに伝わる心の訓練法（ロジョン）と現代」明治学院大学『カルチュール』5巻1も参照。

（12）吉村均「仏教における修行」実存思想論集29『道・身心・修行』理想社所収を参照。

改訂版あとがき

刊行後五年が過ぎ、通算五刷目となる機会に、内容を見直し、若干の補綴を施し、新たに補論「和辻哲郎の「人間」の学の成立と思想史理解をめぐって」を書き下ろした。本書執筆に至る経緯は旧版のあとがきに記した通りである。

筆者の研究は、本書第三章で取り上げたような説話や物語、能の研究からスタートした。当時の親鸞や道元の教えの理解があまりにも近代的であることに疑問を感じ、まずはそれらの基盤となっている古代中世のエートスを知る必要があると考えたからである。それらに展開されていたのは近代的な知とはまったく異なる世界だったが、それらでは往生や成仏は作品の先に示されていて、それを具体性をもって摑むことはできないままだった。

筆者にとって大きな転機となったのが、一九九五年におきたオウム真理教による事件である。サリンが撒かれた地下鉄の沿線に住んでいて、ごく近所に被害にあわれた方がいたり、操作かく乱のため青酸ガス発生装置が新宿の地下道に仕掛けられた時は（作動せず未遂に終わった）当日その地下道を通っていたりして、事件には強い恐怖と怒りを覚えたが、一方、犯行をおこなった幹部の多くは筆者と同世代で、見当違いに筆者には思われるマスコミの説明に世論が同調していくさまには危機感を覚えた（この事件への筆者なりの答えが「仏教における神秘主義」『人間の文化と神秘主義』所収である）。手に入る教団の書籍を手当たり次第に読んで得た結論は、「ヒンドゥー教や仏教の教えを取り入れているが、それを自己流に勝手に解釈したことが、道を誤ることになった」というものだった。しかし自己流に解釈しているのは学者である筆者も変わらない。結論は研究で漠然と感じていた自信のなさをも衝くものだった。

その後ご縁があって、チベットの仏教を伝統的な形で一から学ぶことになり、約十年がたったある日、内田樹氏の『死と身体』の転移についての説明（本書229頁）を読んでいて、チベットの伝統の輪廻からの解脱を勧める中士への教えは、対象への愛着を分析医に転移させるのと同じやり方ではないかと思い、インド仏教に遡ってそれを確認したことから、少しずつ本書の構想が形となっていった。

（二〇〇九年三月）

今回の改訂作業でも北樹出版社長木村哲也さん、編集作業では古屋幾子さんにお世話になった。

二〇一五年二月

吉村　均

補論「和辻哲郎の「人間」の学の成立と思想史理解をめぐって」は、科学研究費補助金（基盤研究A）「インド的共生思想の総合的研究―思想構造とその変容を巡って」（課題番号25244003、研究代表者釈悟震）の研究成果の一部である。

著者略歴

吉村　均（よしむら　ひとし）

1961年　東京生まれ。
東京大学文学部卒業。
東京大学大学院人文科学研究科博士課程修了。
現在　公益財団法人中村元東方研究所専任研究員。
　お茶の水女子大学・宇都宮大学・東洋大学・明治学院大学・東京女子大学非常勤講師
専門　日本倫理思想史、仏教学。
著書（共著）
『現代仏教塾』I　幻冬舎メディアコンサルティング
『人間の文化と神秘主義』北樹出版
『日本文化34の鍵』春秋社
『日本思想史ハンドブック』新書館
『日本思想史講座』2－中世　ぺりかん社
岩波講座『日本の思想』7－儀礼と創造　岩波書店
『比較思想事典』東京書籍
『岩波仏教辞典』（第二版）岩波書店
『浄土教の事典』東京堂出版
『仏教の事典』朝倉書店　他

2011年インド・デリーで釈尊成道2600年を記念しておこなわれた仏教徒の国際会議
　Global Buddhist Congregation 2011で日本人部会発表者の一人をつとめる。
慈母会館（公益財団法人全日本仏教尼僧法団）で一般向けの仏教講座の講師をつとめる。

神と仏の倫理思想——日本仏教を読み直す　[改訂版]

2009年6月10日　初版第1刷発行
2014年5月10日　初版第4刷発行
2015年5月1日　改訂版第1刷発行

著　者　吉村　均
発行者　木村哲也

＊定価はカバーに表示　　印刷　新灯印刷／製本　新里製本

発行所　株式会社　北樹出版

〒153-0061　東京都目黒区中目黒1-2-6
電話(03)3715-1525(代表)　FAX(03)5720-1488

ISBN978-4-7793-0457-6